Gabriele Cerwinka
Gabriele Schranz

Die Macht des ersten Eindrucks

Souveränitätstips
Fettnäpfe
Small talks
Tabus

UEBERREUTER

Die Deutsche Bibliothek – CIP-Einheitsaufnahme

Cerwinka, Gabriele

Die Macht des ersten Eindrucks: Souveränitätstips, Fettnäpfe, Small talks, Tabus / Gabriele Cerwinka/Gabriele Schranz.

Wien: Ueberreuter, 1998

ISBN 3-7064-0432-X

S 0396 1 2 3 / 2000 99 98

Umschlag: INIT, Büro für Gestaltung
unter Verwendung eines Bildes der Bildagentur Tony Stone, Hamburg

Printed in Hungary

Inhalt

Die Macht des ersten Eindrucks

Bevor Sie beginnen ...

Die erste Begegnung mit einem Fremden löst in uns eine Vielzahl von Reaktionen aus. Blitzschnell und instinktiv versuchen wir, ihn in eine uns bekannte Kategorie einzuordnen. Die Informationen, die wir von ihm bekommen, sind nicht sehr vielfältig. Wie sieht er aus, welche Kleidung trägt er? Wie ist sein Gesichtsausdruck? Was sagt er? Nicht alles können wir sofort aufnehmen. Manches sticht uns mehr ins Auge, anderes übersehen wir gänzlich. Danach bilden wir uns ein erstes Urteil. All das passiert fast ausschließlich in unserem Unterbewußtsein. Und zur gleichen Zeit läuft ein ähnlicher Prozeß auch in unserem Gegenüber ab.

Was entscheidet dabei über Sympathie oder Ablehnung? Was macht eine Beziehung erfolgreich, was läßt sie schon in den ersten Augenblicken scheitern?

Psychologen und Kommunikationswissenschaftler setzen sich vermehrt mit dem Phänomen des ersten Eindrucks auseinander. Und das nicht zufällig: Die Prozesse in unserer Gesellschaft laufen immer schneller ab, Entscheidungen müssen immer schneller getroffen werden. Flexibilität und rasche Reaktion sind gefragt. Wer da erst lang überlegt, was er von etwas Neuem halten soll, ist rasch im Abseits. Wollen wir andere von unseren Ideen überzeugen, so muß uns das in den ersten paar Sekunden gelingen – oder wir haben verloren.

Um in dieser „neuen Welt“ zu bestehen, bedarf es völlig neuer Kommunikationsstrategien, in denen vor allem der erste Eindruck an Bedeutung zunehmen wird. Nur wer versteht, diesen ersten Eindruck positiv zu gestalten, wird die Nase vorn haben. Dabei helfen uns allerdings kaum komplizierte Theorien menschlichen Verhaltens. Kommunikationswissenschaftler, Psychologen und Soziologen mögen uns hier gnädig verzeihen: Wir haben versucht, im vorliegenden Ratgeber möglichst „handfeste“ Tips und Tricks darzustellen, auf einfache und leicht nachvollziehbare Art und Weise.

Vieles in diesem Buch erscheint dem Leser sicher logisch und selbstverständlich. Gerade deshalb läßt sich vieles davon auch so leicht umsetzen. Es sind keine aufwendigen Kommunikationsschulungen oder Rhetoriktrainings notwendig, um das eigene Kommunikationsverhalten zu verbessern. Vielmehr geht es uns darum, Sie darin zu unterstützen, positive Verhaltensweisen ins Bewußtsein zu rufen und zu Ihrem eigenen Nutzen ins tägliche Leben einfließen zu lassen.

Nützen Sie die Chance des ersten Eindrucks – sie ist oft Ihre größte!

1. Was macht den ersten Eindruck so mächtig?

1.1 Wie ein Image entsteht

Der Begriff „Image“ stammt aus dem Englischen und umfaßt alle Erwartungen und Vorstellungen, die subjektiv mit einer Persönlichkeit, einem Produkt oder einem Unternehmen verbunden sind.

Das Image einer Person ist also nicht das Abbild der Person, so wie sie wirklich ist, sondern so, wie sie von den anderen wahrgenommen wird.

Und Wahrnehmung ist etwas sehr Subjektives. Sie erfolgt mit all unseren Sinnen und fügt aus vielen Mosaiksteinen ein Bild zusammen. Dieses Bild entsteht allerdings nicht sofort: einem ersten „Vorentwurf“ werden immer wieder neue Teile hinzugefügt. Auch beim fertigen Bild werden immer wieder Teile ausgetauscht und ergänzt. Ein Image ist daher auch veränderbar. Die ersten Umrisse des Bildes entstehen meist blitzschnell. Wie mein Image beim Gegenüber aussehen wird, entscheidet sich im wesentlichen schon in den ersten Sekunden der Begegnung, mit dem ersten Eindruck.
Das ist keine böse Willkür des Schicksals, sondern ganz einfach seit Urzeiten fürs Überleben notwendig: Wenn ein Lebewesen nicht sofort entscheiden kann, was es von einem anderen Lebewesen halten soll, kann es nicht reagieren. Wir müssen uns also sofort ein Bild machen: Ist der andere gefährlich, ist er harmlos, wo sollen wir ihn einordnen? Auch wenn wir nicht mehr – wie unsere Steinzeit-Vorfahren – bei Gefahr mit Knüppeln aufeinander losgehen oder blindlings die Flucht ergreifen, unsere Verhaltensmuster sind doch dieselben geblieben. Wir entscheiden sofort, ob wir uns eher verteidigen müssen oder ob wir unsere „innere Bewaffnung“ aufgeben können.
Es ist also reiner Selbstschutz, wenn wir uns in den ersten paar Sekunden ein Bild von unserem Gegenüber machen. Wie aber entsteht so ein Bild? Was nehmen wir zuerst wahr?

Was wir wahrnehmen, hängt zunächst sehr stark davon ab, wie wir gerade wahrnehmen. Unsere Wahrnehmung wird von unserer momentanen Stimmung, unserer Umgebung, der gesamten Atmosphäre geprägt. Bei einem gemütlichen, fröhlichen Abendessen bei Freunden begegnen wir einem Fremden sicher positiver, als wenn uns derselbe Mensch in einer überfüllten U-Bahn um halb acht Uhr morgens gegenübersteht.
Auch alle unsere bisher gemachten Erfahrungen beeinflussen unsere Wahrnehmung. Wir haben im Laufe unseres Lebens gelernt, gewisse Merkmale zu deuten. Eine gerunzelte Stirn, zusammengezogene Augenbrauen und ein stechender Blick bedeuten nichts Gutes. Ein offenes Lächeln dagegen stimmt uns positiv. Aber unsere bisherigen Erfahrungen sind noch viel subtiler, vielschichtiger. Ohne ersichtlichen Grund ist uns jemand auf Anhieb unsympathisch. Irgendein Detail in seinem Erscheinungsbild erinnert unser Unterbewußtsein an eine andere Situation, in der wir eine schlechte Erfahrung gemacht haben. Es dauert dann oft sehr lange, bis wir dieses „falsche“ Bild korrigieren.

Der persönliche Filter

Unsere Wahrnehmung funktioniert demnach wie ein Filter: Wir filtern uns aus der Summe der ersten Eindrücke diejenigen heraus, die uns aufgrund unserer Erfahrungen als wichtig erscheinen. In Sekundenbruchteilen entscheiden wir, welche Information über unser Gegenüber nicht ins Bewußtsein dringen soll, was von unserem Filter aussortiert wird. Wir haben gelernt, in den anderen gewisse Erwartungen zu setzen. Durch winzige Signale, die unser Unterbewußtsein auffängt, fühlen wir uns in diesen Erwartungen bestätigt. Unsere „Vorurteile“ haben sich bestätigt und damit verfestigt.
Auch wenn wir dabei noch so viele interessante Aspekte an der Person des anderen außer acht lassen: diese Methode des persönlichen Filters ist für uns die einzige Möglichkeit, rasch zu reagieren. Würden wir erst gewissenhaft alle beobachtbaren Merkmale des Gegenübers durchleuchten, um zu einer fundierten Entscheidung darüber zu gelangen, was wir von ihm halten und wie wir weiter vorgehen sollen – unser Gesprächspartner wäre längst aus unserem Blickfeld verschwunden, und eine Chance wäre vertan. Oder er hätte uns mit

seiner (verbalen) Attacke so überfahren, daß wir dem nichts entgegenzusetzen hätten.
Wir sind also gezwungen, rasch zu reagieren. Und nachdem sich in unserem Zeitalter die Uhren tatsächlich schneller zu drehen scheinen, ist so ein blitzschnell funktionierender Filter um so wichtiger.

Der erste Eindruck als Paket

Die Summe aller Informationen, die Ihnen der andere beim ersten Zusammentreffen sendet, stellt sich als Paket dar. In diesem Kommunikationspaket befinden sich:

- sein Gesichtsausdruck
- seine Körpersprache
- seine Stimme
- seine ersten Worte
- sein Tonfall, seine Betonung
- seine Sprechweise
- seine Körperhaltung
- seine Kleidung
- seine Umgebung

Sie als Empfänger dieses Paketes nehmen es entgegen und öffnen es. Sie wollen ja wissen, wen Sie da vor sich haben. Interessant sind für Sie dabei:

- der **Paketinhalt** – der eigentliche Ausgangspunkt, der Grund bzw. das Ziel, warum der andere mit Ihnen kommuniziert;
- die **Verpackung des Paketes** – die Art und Weise, wie dieser Paketinhalt präsentiert wird, welche Gefühle und Einstellungen beim Sender des Paketes vorrangig sind bzw. mitspielen;
- die **Übergabe des Paketes** – die Art und Weise, wie Ihnen das Kommunikationspaket überreicht wird bzw. wie Sie es annehmen. Hier wird in Sekundenbruchteilen festgelegt, wie Sender und Empfänger miteinander kommunizieren, in welcher Beziehung sie zueinander stehen.

Damit wird deutlich, daß Kommunikation kein einseitiger Prozeß ist, sondern daß Sie im gleichen Moment auch so ein Kommunikationspaket überreichen. Damit wird deutlich, wie vielschichtig eine

erste Kontaktaufnahme abläuft. Das alles geschieht in einem Zeitraum von einigen Sekunden.
Auf all diese Aspekte zu achten ist unmöglich. Niemand kann in so kurzer Zeit auf alle Bestandteile gleich achten, alle registrieren und objektiv bewerten. Wir müssen daher blitzschnell wählen, was wir davon aufnehmen. Von unserem persönlichen Filter hängt es nun ab, welche Teile des Paketes wir wahrnehmen.
Das Ergebnis dieses „Filtervorganges" ist dann der erste Eindruck, den wir vom anderen haben. Und dieser erste Eindruck bildet den Grundstein für das Image des anderen, das bei uns entsteht.

1.2 Über die Hartnäckigkeit des ersten Bildes

Demnach bewirkt ein reiner Schutzmechanismus, daß wir uns möglichst rasch und sehr subjektiv ein Bild machen. Was aber passiert, wenn diesem ersten Eindruck weitere Eindrücke folgen? Verändern wir dann das Bild? Korrigieren wir das Image vom anderen?
Meist machen wir uns nicht die Mühe. Es gilt, wieder andere erste Eindrücke zu verarbeiten. Im besten Fall fügen wir dem bereits entstandenen Bild einige neue Mosaiksteine hinzu.
Aber den ersten Eindruck samt und sonders zu verwerfen und durch ein neues Image zu ersetzen entspricht nicht unserem Kommunikationsverhalten. So etwas würde unser gesamtes „Sicherheitssystem" in Frage stellen. Haben wir uns also erst einmal ein Bild gemacht, halten wir so lange wie möglich daran fest.

Manchmal gibt es aber zu viele „erdrückende Beweise" für einen anfänglichen „Irrtum", und wir sehen uns gezwungen, unser erstes Bild entscheidend zu korrigieren. Doch nicht einmal dann sind wir bereit, diesen ersten Eindruck ganz aus unserem Unterbewußtsein zu streichen. Irgendwo in den Tiefen unserer Erinnerung schlummert er weiter. Scheint dann irgendein Detail im Verhalten des anderen doch wieder für unsere erste Einschätzung zu sprechen, fühlen wir uns sofort bestätigt. Das erste, sorgsam gehütete Bild wird hervorgeholt: Wir haben es ja gleich gewußt, uns macht doch so leicht keiner was vor!

Je öfter wir so eine Erfahrung gemacht haben, desto hartnäckiger behaupten sich die ersten Bilder.

Es fällt uns leichter, einen ersten Eindruck zu korrigieren, wenn wir ihn in unser Bewußtsein holen:

- Wie hat der andere auf mich gewirkt?
- Wie schätze ich ihn ein?
- Wie komme ich zu diesem Urteil?

Erst wenn dieser erste Eindruck so hinterfragt wird, geben wir dem anderen eine zweite Chance. Nur so erkennen wir, daß es auch in unserem Interesse ist, den anderen objektiver zu sehen.
Genauso haben wir auch mit dem ersten Eindruck, den wir beim anderen erweckt haben, zu leben. Auch er hat in Sekunden ein Urteil über uns gefällt, ob uns das paßt oder nicht.
Wird er uns eine zweite Chance geben?

1.3 Auch der Rahmen gehört zum Bild

Mit dem Wort „Image" wird auch die Aussagekraft von Symbolen verbunden. Gewisse Symbole stehen für einen bestimmten Imagewert. Besonders die sogenannten Statussymbole prägen das Image einer Person.

- Welchen Wagen fährt er?
- Von welchem Designer stammt ihr Kleid?
- Welchen Titel hat sie vor ihrem Namen?
- Wo wohnt er?
- Wer sind seine Freunde?
- Wo war sie zuletzt auf Urlaub?

Also nicht nur meine Person, sondern auch mein Umfeld dient beim ersten Eindruck als Orientierungshilfe. Statussymbole zeigen, wie ich mich selbst darstellen möchte, und sind meist äußere Attribute meiner Persönlichkeit (vgl. 3.4). Je harmonischer sich dieses Bild nach außen präsentiert, um so leichter mache ich es den anderen, mich einzuordnen.
Schwierig wird es nur dann, wenn die Statussymbole einem anderen Kulturkreis entstammen. Die Einordnung ist in diesem Fall nicht

mehr so einfach. Manche Menschen legen auch besonderen Wert auf ihre Individualität und demonstrieren das durch bewußte „Stilbrüche“ in ihrer Selbstdarstellung:
Der reiche Erbe und Harvard-Absolvent fährt einen klapprigen, zwanzig Jahre alten Kleinwagen und wohnt in einem Arbeitervorort. Was ist davon zu halten?
Auch da neigen wir zu Vereinfachungen. Wir stufen ein solches Verhalten einfach als „exzentrisch“ ein.
Meist fragen wir uns auch, ob der andere in seinen jeweiligen Rahmen paßt. *Haben Sie auch schon einmal im Schwimmbad den Typ „Manager auf Mittagspause“ beobachtet? Die Aktentasche feinsäuberlich neben dem Handtuch, Lederschnürschuhe statt Badeschlapfen, die Haut eher mäßig gebräunt und die Frisur tadellos – irgendwie ist es verwunderlich, daß er zur Badehose nicht auch noch Krawatte trägt.* Auch hier liegt ein Stilbruch vor, der beim ersten Eindruck verunsichert. Der Rahmen – in diesem Fall das Schwimmbad – hilft bei der Einordnung in eine „Schublade“ nicht so recht weiter.

Überhaupt ist die Sache mit den Symbolen gar nicht so einfach. Die Grenzen verschwimmen in unserer heutigen Gesellschaft immer mehr, und die eindeutige Zuordnung zu einer Gesellschaftsgruppierung wird immer schwieriger. Es ist schwer, zwischen Sein und Schein zu unterscheiden.
Auch hier hilft uns unser Unterbewußtsein. Wir spüren meist sehr genau, ob das vornehme Verhalten unseres Gegenübers echt oder aufgesetzt ist. Wir empfinden die Art, wie er auf uns wirken will, als echt und stimmig oder als falsch und unehrlich.

Die Subjektivität des ersten Eindrucks hat also auch eine sehr positive Komponente: unser Unterbewußtsein registriert „Echtheit“ oft viel besser als unser Intellekt.

Stimmung als Rahmen

Wie schon eingangs erwähnt, ist der erste Eindruck auch stark geprägt von der Atmosphäre, in der er stattfindet.
Je entspannter wir einer neuen Person gegenübertreten, desto unvoreingenommener werden wir sie beurteilen. Empfinden wir den an-

deren nicht als Gefahr, ist der persönliche Filter toleranter und weniger restriktiv. Die Abwehrmechanismen, die sich jeder im Laufe der Jahre angeeignet hat, sind nicht aktiv. Der andere hat gute Chancen, positiv bewertet zu werden.
Andererseits blockieren Angst und Unsicherheit unsere Wahrnehmung. Sitzt jemand zum Beispiel voll Furcht und mit Angstschweiß auf der Stirn beim Zahnarzt, wird er im nachhinein seinen Sitznachbarn im Wartezimmer nicht mehr so genau beschreiben können. Die Arzthelferin dringt auch nur mit mehrmaliger Ansprache zu ihm durch. Ob die nett war oder nicht, kann er später nicht mehr sagen. Sie wollte nur etwas wegen des nächsten Termins ...

Vielfach können wir uns die allgemeine Stimmung, in der wir unseren „ersten Auftritt“ absolvieren, nicht aussuchen. Wir sollten uns jedoch dessen bewußt sein, daß wir in einer negativ geladenen Atmosphäre mit einem entscheidenden Nachteil zu kämpfen haben. Auch wenn wir an dieser Situation schuldlos sind: **Das erste Bild steckt nun einmal in diesem Rahmen!**

1.4 Wozu unnütz anstrengen?

Es ist also gar nicht so leicht, ein einmal verpaßtes Image wieder loszubekommen. Wurden wir einmal durch den persönlichen Filter unseres Gegenübers geschleust, haben wir als Ergebnis dieses Prozesses eine Beschriftung, ein Etikett zugewiesen bekommen. Und je nach diesem Etikett werden wir in eine Schublade gesteckt.

Wird diese Schublade wieder verschlossen, ist ein Entrinnen sehr schwierig!

Achten Sie also darauf, gleich in der richtigen Schublade zu landen. Gelingt es Ihnen auch noch, Ihr Etikett möglichst interessant gestaltet zu bekommen, bleibt die Schublade vielleicht sogar einen Spalt breit offen. Sie bleiben für Ihren Gesprächspartner interessant, er möchte mehr über Sie in Erfahrung bringen. So entsteht ein positiver Gesprächskreislauf, der sich gewinnbringend entwickeln kann.

Ein positiver erster Eindruck ist demnach das beste Fundament für eine erfolgreiche Gesprächsbeziehung!

Steckt Ihr Gesprächspartner Sie aber vorschnell in eine x-beliebige Schublade und knallt diese eiligst zu, ist Ihre Chance erst einmal dahin. Vielleicht hört er Ihr verzweifeltes Klopfen aus der Lade und Ihre Beteuerungen, eigentlich falsch eingeordnet worden zu sein. Sehr wahrscheinlich ist er aber schon wieder mit einer neuen Etikettierung und Einordnung beschäftigt, und Sie befinden sich weiter in der falschen Lade.

Schauspieler und Entertainer wissen um dieses Geheimnis Bescheid. In der Bühnensprache heißt das „gut über die Rampe kommen". Gemeint ist damit nichts anderes, als einen positiven Einstieg zu schaffen. Eine alte Bühnenregel besagt: „Schaffst du es nicht in den ersten paar Minuten, dein Publikum zu gewinnen, schaffst du es gar nicht mehr!" Das Leben auf den Brettern, die die Welt bedeuten, ist in dieser Beziehung gnadenlos. Springt der Funke nicht über, nützen alle Tricks nichts mehr. Die Show ist verloren. Trotz aller Anstrengungen erntet der Schauspieler höchstens noch freundlichen Applaus. Ist es besonders schlimm, stehen die Zuseher auf und gehen. Die meisten harren aber doch bis zum Schluß aus, schließlich haben sie für den Eintritt bezahlt.

Die „30-Sekunden-Gesellschaft"

Noch schwerer haben es da die TV-Verantwortlichen. Sitzt jemand zu Hause vor dem Fernsehapparat, kann er mit einem einzigen Knopfdruck über Sein und Nichtsein – sprich über die Einschaltquoten – einer Sendung bestimmen. Je mehr Programme das Publikum nach Hause geliefert bekommt, desto gnadenloser wird weitergeschaltet. Heute wird daher auch viel weniger über das Fernsehprogramm geschimpft: Die meisten machen sich gar nicht mehr die Mühe, sich mit einer „ungefälligen" Sendung auseinanderzusetzen, und sei es nur, um am nächsten Tag darüber zu schimpfen. Gefällt eine Sendung nicht innerhalb der ersten paar Minuten, wird einfach „weitergezappt". Die Intervalle, in denen die Programme gewechselt werden, werden immer kürzer. Meist reicht die Aufmerksamkeit gerade für die Dauer eines Werbespots. Viele Soziologen sprechen daher auch von der **„30-Sekunden-Gesellschaft".** Innerhalb dieses Zeitraumes muß es nicht nur der Hersteller eines Werbefilms, sondern auch jeder andere Regisseur schaffen, die Aufmerksamkeit seiner Zuseher zu fesseln. Immer mehr Filme entsprechen daher in ihrem Schnittformat einer Aneinanderreihung von Werbespots oder Videoclips. Der erste Eindruck wird so zum alles entscheidenden Beurteilungskriterium.

Ganz so gnadenlos ist das Alltagsleben Gott sei Dank nicht immer. Wir bekommen oft noch eine zweite Chance. Aber der zuerst erworbene Eindruck ist, wie wir nun wissen, sehr hartnäckig. Wollen Sie ihn später wieder wettmachen, bedarf es doppelter Anstrengung. Warum also unnütz anstrengen? Ist es da nicht besser, gleich auf einen guten Einstieg zu achten? Was es dabei alles zu bedenken gibt, wird auf den folgenden Seiten dargestellt.

Die Geschichte vom weisen Zwerg

Es lebte einmal vor langer Zeit in einer dunklen Höhle weit hinten im Wald ein Zwerg. Das war aber nicht irgendein Zwerg, sondern ein sehr weiser und mächtiger Zwerg. Er hatte sich im Laufe seines unendlich langen Zwergenlebens eine Vielzahl von Informationen angeeignet. Immerzu sammelte er interessante Neuigkeiten und wußte über alles im Märchenwald Bescheid. So war es gekommen, daß er als mächtigste Figur des Märchenwaldes anerkannt wurde. Jeder fragte ihn um Rat, er galt als oberste Instanz. Er bewahrte alle Informationen in seiner Höhle auf – fein säuberlich geordnet und verzeichnet. Sein wichtigster Informationsschatz aber war in einer goldenen Kommode aufgehoben: Diese Kommode hatte sehr viele Schubladen, worin sich die Eigenschaften aller Wesen aus dem Märchenwald befanden: Da gab es vom bösen Krokodil bis zur verzauberten Prinzessin für jeden die passende Lade. Und nachdem der Zwerg schon so große Übung im Einteilen hatte, ging das „In-die-Schublade-Stecken" sehr schnell, wenn ein neues Wesen auftauchte, so wie letztens der Computerviruszauberer.

Als die Putzfee wieder einmal saubermachte, geschah das Undenkbare. Mit dem Besen stieß sie gegen die Tür, und die Tür schlug gegen die Kommode. Die Kommode begann zu schwanken und kippte zur Seite. Zwei Laden fielen heraus. Hastig stopfte die Putzfee den Inhalt wieder in die Laden und brachte alles an seinen Platz.

Es war also weiter nichts geschehen – oder doch? Der Inhalt der Lade vom bösen Wolf und der guten Fee paßte nicht mehr. Irrtümlich hatte der Wolf nun ein Silberstimmchen und die Fee einen Heißhunger auf Rotkäppchen. Das war aber noch nicht alles, das vertauscht worden war …

Bald herrschte Chaos im Märchenwald: Der Wolf verwandelte plötzlich Frösche in Prinzen, half Königen, ihre Töchter zu finden, und brachte umweltvergiftete Bäume wieder zum Erblühen. Die gute Fee wiederum lockte ahnungslose Prinzessinnen in den Hinterhalt und erschreckte sogar alte Hexen mit ihrem Geknurre. Niemand kannte sich mehr aus.

Auch der weise Zwerg war hilflos, bis er endlich die Ursache für den Spuk herausfand. Eiligst ordnete er den Inhalt seiner Kommode wieder richtig – der Wolf böse, die Fee gut.
Doch entgegen all seiner Weisheit zeigte der Wolf ein unerwartetes Verhalten: Die Tatsache, daß ihm das Rotkäppchen sein schweres Schicksal anvertraute, rührte ihn dermaßen, daß er, statt es zu fressen, einen „Rettet-das-Rotkäppchen-Verein" gründete. Auch die Fee weigerte sich, wieder gut zu sein! Sie hatte solchen Spaß daran, ein „böses Mädchen" zu sein, daß sie nicht daran dachte, zu ihrem alten, langweiligen Leben zurückzukehren …

2. Ihr Selbstbewußtsein als Basis

Nicht nur Schauspieler haben vor ihrem ersten Auftritt Lampenfieber. Fast jeden beschleicht ein Gefühl der Unsicherheit, wenn er einen Raum mit fremden Menschen zum ersten Mal betritt.
Wie werde ich wirken, was werden die von mir denken?
Je „angeknackster" das Selbstbewußtsein ist, desto größer sind in solchen Situationen die Selbstzweifel. Und das wiederum schwächt das Selbstbewußtsein – ein Teufelskreis, der sicher nicht zu einem positiven Einstieg verhilft.

Anders verhält sich da schon ein echter Sieger:

- Er ist von seinen Fähigkeiten überzeugt.
- Er weiß, daß er sich nicht zu verstecken braucht.
- Er hat schon oft die Erfahrung gemacht, daß auch Fremde positiv auf ihn reagieren.
- Er hat es nicht nötig, sich in den Vordergrund zu spielen, seine Ausstrahlung nimmt andere sofort für ihn ein.
- Er rechnet einfach gar nicht damit, auf Ablehnung zu stoßen.
- So jemand tut sich leicht im Leben, er kommt wie von selbst voran.

Vom Mauerblümchen zur Orchidee

Wie aber gestaltet sich der Weg zu diesem strahlenden Selbstwertgefühl des echten Siegers?
Wie wird aus einem Mauerblümchen eine strahlende Orchidee?

Der erste Schritt dazu ist eine simple Frage:
„Bin ich wirklich so ein unscheinbares Mauerblümchen?"

Viele von uns tragen ein sehr negatives Selbstbild mit sich herum. Das stammt daher, daß schon in der Erziehung, in der Schule und später auch im Berufsleben negative Eigenschaften und Verhaltensweisen immer besonders aufgezeigt wurden. So unter dem Motto: Schlechte Angewohnheiten gehören korrigiert, Gutes entwickelt sich dann schon von selbst!

Es wäre nun leicht, einfach über unsere Eltern und Lehrer herzuziehen und ihnen die alleinige Schuld an unserem mangelnden Selbstbewußtsein zuzuschieben. Wir sind jedoch nicht nur das Produkt unserer Erziehung, sondern wir sind Wesen mit einem eigenen Willen und einer eigenen Verantwortung.
Verstecken wir uns also nicht hinter Ausflüchten, lernen wir, für unser Leben Verantwortung zu übernehmen. Machen wir doch einfach das Beste aus den „Bestandteilen“, die wir erhalten haben.

Entdecken wir unsere „Orchideenseiten“!

2.1 Wie sehen Sie sich?

Kennen Sie das Fotogespenst? Es verwandelt makellose Schönheiten in lächerliche Gestalten. So geschehen auf meinen letzten Urlaubsfotos. Denn so unvorteilhaft kann ich ja wohl nicht aussehen! Meine Freunde sehen ja auch ganz normal aus, und die haben sicher nicht weniger Sangria getrunken als ich!
Und erst das Video auf dem letzten Präsentationsseminar in meiner Firma! Die reinste Katastrophe! Meine Stimme klingt dünn, die Bewegungen der Hände erinnern an Windmühlen, und dann noch dieses seltsame Nicken mit dem Kopf!

Holt Sie dieses Gespenst auch manchmal ein? Wieso sind wir oft so entsetzt, wenn wir uns selbst abgebildet oder im Video sehen?
Dieses Phänomen hängt auch mit der Subjektivität unserer Wahrnehmung zusammen. Genausowenig, wie wir unsere Umwelt objektiv erfassen, haben wir ein objektives Bild von uns selbst. Unser Selbstbild entsteht in unserem Inneren und ist stark geprägt von unserem persönlichen Filter und unseren (Wunsch-)Vorstellungen.
Betrachten wir uns dann einmal „von außen“, also zum Beispiel auf einem Foto oder in einem Video, stellt sich das Bild ganz anders dar. Es ist uns fremd. Es stimmt nicht mit unserem „inneren“ Bild überein, und das verunsichert uns.
Besonders deutlich wird dieses Phänomen bei unserer Stimme. Sie klingt für uns anders, weil wir sie „von innen“, mit einer völlig anderen Akustik hören als unser Gegenüber. Es ist also schon rein physikalisch begründet, warum die Stimme für uns anders klingt!

Wer aber vor dieser Erkenntnis flüchtet, sich seinem „Selbstbild“ nicht stellt, der wird nie mit sich selbst Frieden schließen. Und wer sich nicht selbst akzeptiert und mag, den werden auch die anderen nicht mögen.

Mut zur Ehrlichkeit

Befassen Sie sich einmal näher mit der eigenen Person. Das hat nichts mit Eingebildet-Sein oder Narzißmus zu tun, sondern mit der Suche nach der eigenen Identität. Zum Selbstbild gehört wesentlich mehr als nur das Erkennen der eigenen Haarfarbe. Man muß um die Summe aller Faktoren, die die Einzigartigkeit seiner Persönlichkeit ausmachen, Bescheid wissen. Dazu ist es notwendig, sich einmal drei zentrale Fragen zu stellen:

1. Woher komme ich?
2. Wohin gehe ich?
3. Wozu bin ich überhaupt auf der Welt?

Wenn Sie nun meinen, daß so grundlegend philosophische Fragen in einem Buch über den ersten Eindruck nichts verloren hätten, möchten wir Ihnen widersprechen. Nur wer sich mit diesen entscheidenden Fragen der eigenen Existenz auseinandersetzt, sozusagen seine eigenen Spuren sucht und auch findet, wird fähig sein, sich selbst positiv zu sehen, und in der Folge ein sicheres Auftreten entwickeln.

Die Frage, **woher ich komme,** betrifft meine Wurzeln. Jeder Mensch benötigt das Wissen um seine Herkunft. Es macht wenig Sinn, die eigene Herkunft zu verleugnen. Besonders deutlich werden diese Wurzeln an der eigenen Sprechweise, am Dialekt. Viele leiden unter ihrer Herkunft, halten zum Beispiel einen ländlichen Dialekt für primitiv und versuchen, bewußt die „Hochsprache“ zu verwenden. Das wirkt dann oft künstlich, unecht und dadurch unglaubwürdig. Diese Menschen rauben sich so ein Stück ihrer Identität. Oft ist dieses Phänomen bei Spitzensportlern zu bemerken, die in Interviews plötzlich um Schriftsprache bemüht sind. Sie verlieren ihre Natürlichkeit, werden auswechselbar und setzen ihre Originalität aufs Spiel.

Stehen Sie zu Ihrer Herkunft, versuchen Sie nicht, Ihre eigenen Spuren zu verwischen. Es gibt ja auch keine objektiv „schlechte" Herkunft, derer man sich schämen müßte. Sie sind verantwortlich für das, was Sie aus sich gemacht haben, und dafür schätzen Sie die anderen. Wer sich ständig für seine Wurzeln schämt, wird nie selbstsicher auftreten.

Die Frage, **wohin Sie gehen,** ist eng mit Ihren persönlichen Zielsetzungen verbunden. Wer nicht weiß, wohin er will, treibt wie ein Blatt im Wind, hat nie festen Boden unter den Füßen. Setzen Sie sich persönliche Ziele, die Ihnen helfen, den richtigen Weg einzuschlagen. Wenn Sie wissen, was Sie wollen, können Sie selbstsicher auftreten. Setzen Sie sich jedoch realistische Ziele, Ziele die zu Ihnen passen, die Sie auch verwirklichen können. Ziele sind im Unterschied zu Träumen realistisch, klar formuliert und erreichbar. Überprüfen Sie Ihre Träume, welche dazu taugen, in handfeste Ziele umformuliert zu werden. Gehen Sie diese Ziele schrittweise an – kein Palast ist an einem Tag erbaut worden!

Die dritte Frage, **wozu Sie überhaupt auf der Welt sind,** ist wohl die am schwersten zu beantwortende. Hier stoßen auch viele weise Philosophen an ihre Grenzen. Trotzdem sind wir Menschen Wesen, die hinter den Dingen immer wieder nach dem „Wozu", nach dem Sinn fragen. Manager haben schon lange erkannt, daß Mitarbeiter eine Aufgabe viel erfolgreicher erledigen, wenn sie um deren Sinn Bescheid wissen. Um so mehr gilt dieser Grundsatz für die Selbstsicherheit: Wenn ich überzeugt bin, daß mein Leben einen Sinn hat, strahle ich diese Überzeugung auch aus: „Es ist gut, daß es mich gibt."
Diese Einstellung hat nichts mit Selbstverherrlichung zu tun. Auf dem Weg der Sinnsuche werden wir auch immer wieder von Selbstzweifeln und Ängsten geplagt. Das ist zutiefst menschlich, und gerade diese Zweifel sind es auch, die uns auf unserer Suche weiterbringen.

Mut zu Fehlern

Akzeptieren Sie Ihre Ängste. Sie sind eine wichtige Triebfeder für Ihre persönliche Weiterentwicklung. Ängste weisen uns auf unsere

Grenzen hin, sie machen Gefahren deutlich, und sie fordern uns heraus. Wer die eigenen Ängste überwindet, lernt sein Persönlichkeitspotential vollständig zu nützen.
Stehen Sie zu Ihren Fehlern! Sie sind ein natürlicher Teil des menschlichen Wesens, ein Zeichen für Weiterentwicklung. Wir machen alle immer wieder Fehler und beginnen trotzdem wieder von neuem. Wir lernen daraus und machen es das nächste Mal besser. Eine uns bekannte Volksschullehrerin hat während des Unterrichtes ein schönes Motto: „Fehlermachen erlaubt!“ Wann immer sich ein Kind irrt, sagen die anderen diesen Satz gleich im Chor. Fehlermachen ist für sie nichts Schlechtes, dessen man sich schämen muß, sondern ist erlaubt! Die Kinder fühlen sich daher in ihrem natürlichen Wissens- und Forschungsdrang nicht gebremst aus Angst vor Fehlern. Eine sehr kluge Lehrerin!
Genau diese Mischung aus Vorzügen und Fehlern, aus Stärken und Schwächen macht uns zu einmaligen Wesen, zu Individuen. Jeder Mensch ist ein Original, in seiner Art einzigartig.

2.2 Wie möchten Sie von den anderen gesehen werden?

Gehen wir noch einmal zurück zum Fotogespenst. Warum bin ich mit meinem Urlaubsfoto so unzufrieden? Und warum zeige ich es in der Freundesrunde am liebsten gar nicht erst her?
Vor anderen möchten wir in einem möglichst guten Licht erscheinen. Jeder von uns trägt ein Wunschbild von sich herum. Wir wollen perfekt erscheinen, unsere Fehler sollte keiner sehen. Viele verstehen unter selbstsicherem Auftreten daher nur das Aufrechterhalten der perfekten Illusion.
Doch meist existiert dieses Idealbild nur in unseren Köpfen. Unsere Mitmenschen sehen uns viel realistischer. Mit dieser Wahrheit konfrontiert zu werden ist für viele sehr schmerzlich.
Doch woher stammen unsere Idealvorstellungen? Sind wir wirklich so naiv, daß wir trotz rotblonder Haare, Sommersprossen und Konfektionsgrösse 44 wie Cindy Crawford aussehen wollen?

Der Teufelskreis der eigenen Ansprüche

Viele unserer Ideale stammen aus unserer Kindheit. Wir wollten genau so werden wie die um drei Jahre ältere Nachbarstochter: genauso blond, lieb und klug! Oder wie Tante Elisabeth, oder wie unsere Mutter. Egal, wer unsere ersten Vorbilder waren, sie prägen unser Wunschbild im Unterbewußtsein manchmal ein Leben lang. Bei Kindern berühmter Eltern heißt es oft, sie würden unter der starken Persönlichkeit ihrer Eltern leiden. Sie können dem übermächtigen Vorbild nie ganz gerecht werden.
Später, in der Pubertät, schwärmen wir für andere Idole. Musiker, Schauspieler oder Spitzensportler lächeln gewinnend von unseren Jugendzimmerwänden. Wir imitieren in unseren Jugendjahren deren Kleidung, die Frisur oder die Art, sich zu bewegen. Diese Phase wird von den Psychologen als völlig natürlich angesehen, sie ist notwendig, um die eigene Identität zu entwickeln. Wir durchlaufen dabei meist verschiedene Identifikationsphasen, bis wir zu unserem eigenen Stil finden.
Es ist also nicht immer unvorteilhaft, sich an Wunschbildern zu orientieren – solange sie uns eben nur Orientierungshilfen sind. Gefährlich wird es dann, wenn die Wunschvorstellungen auch im Erwachsenenalter unrealistisch und unerreichbar bleiben. Wer zu hohe Ansprüche an sich stellt, wird immer wieder Enttäuschungen erleben. Und jede Enttäuschung schwächt das Selbstwertgefühl und macht das Erreichen des hochgesteckten Zieles noch schwieriger. Wunschbild und Realität klaffen immer weiter auseinander. Wir stecken in einem Teufelskreis zu hoher Ansprüche fest.
Übertriebener Perfektionismus bringt uns also nicht weiter. Wenn Sie gelernt haben, sich selbst und Ihre Fehler zu akzeptieren, werden Sie auch akzeptieren, daß die anderen Sie realistisch sehen, mit all Ihren „Ecken und Kanten".

Gebrauchsanweisung: Wie Sie aus sich den perfekten Politiker machen

Schreiben Sie alle Eigenschaften, die Ihnen bei erfolgreichen Politikern auffallen, auf. Versuchen Sie, sich möglichst viele davon anzueignen. Besuchen Sie regelmäßig Rhetorikseminare, lesen Sie einschlägige Bücher, und beherzigen Sie kritiklos einfach alles. Imitie-

ren Sie die Körpersprache der siegreichen Politiker. Es mangelt ja auch hier nicht an einschlägiger Literatur und an Tips, was „man" zu tun hat und was man besser läßt. Wenn nun von Ihrer ursprünglichen Persönlichkeit nichts mehr übrig ist und Sie endlich zum perfekten Rhetoriker mit dem souveränsten Auftreten geworden sind, bewerben Sie sich bei einer politischen Partei – bei welcher, ist dann gar nicht mehr so wichtig!

Klingt das verlockend? Nein? Zugegeben, es ist etwas überzeichnet, aber viele Menschen, die im öffentlichen Leben stehen (nicht nur Politiker), machen es so oder ähnlich. Im Bestreben, von allen anderen als souverän und perfekt angesehen zu werden, trainieren sie sich die typischen „Siegerverhaltensweisen" an. Sie entsprechen dann vielleicht dem Bild, das sie sich von einem „Menschen, in der Öffentlichkeit stehend" machen, aber sie haben dabei ihre Identität und damit ihre Glaubwürdigkeit verloren!

Wie auch immer Sie von den anderen gesehen werden wollen – bleiben Sie sich selbst treu, bleiben Sie echt und authentisch! Zeigen Sie auch den anderen das Original, keine Kopie! Nur so wirken Sie glaubwürdig und selbstsicher.

2.3 Wie sehen Sie die anderen?

So sehr Sie sich auch bemühen, den anderen ein bestimmtes Bild von sich zu präsentieren – wie die anderen Sie wirklich sehen, entscheidet allein deren Wahrnehmung, deren persönlicher Filter. Und wie die anderen Sie empfinden und erleben, wie Sie auf die anderen wirken, so sind Sie!

Die einzige Chance jedoch, zu erkennen, wie wir auf andere wirklich wirken, ist ehrliches Feedback. Es ist für Sie die wertvollste Hilfe zum Entwickeln eines gefestigten Selbstbewußtseins. Wer aber gibt uns diese wertvolle Rückmeldung?

Versuchen Sie, Feedback von ehrlichen Freunden zu bekommen. Wichtig dabei ist, daß gegenseitiges Wohlwollen die Grundlage bildet. Nur wenn Ihr Freund weiß, daß Sie es ihm nicht übelnehmen, wenn er auch einmal etwas Kritisches anmerkt, wird er sich getrauen, ehrlich zu sein. Und je mehr Sie selbst Feedback geben, um so mehr werden Sie auch ein solches bekommen.

„Die Feedback-Kultur"

Entwickeln Sie in Ihrem Freundes- und/oder Mitarbeiterkreis eine positive Feedback-Kultur. Stellen Sie klare Regeln für Kritik und Anerkennung auf:

1. Feedback soll beschreiben, nicht bewerten. Sätze wie „Du machst das besser als Herr Müller" helfen wenig.
2. Feedback soll konkrete Aussagen enthalten, sich auf konkrete Anlässe beziehen. Vermeiden Sie Verallgemeinerungen wie „Du denkst immer nur an dich!". Solche Sätze drängen lediglich in die Defensive.
3. Feedback soll immer positiv formuliert werden. Negative Formulierungen erzeugen ebenfalls Abwehr.
4. Kritik soll nie verletzend oder beleidigend sein.
5. Vermeiden Sie Mißverständnisse! Bei Unklarheiten besser sofort nachfragen, egal ob Sie Feedback bekommen oder geben.
6. Feedback soll zeitlich passend erfolgen. Bezieht es sich auf Begebenheiten, die schon länger zurückliegen, weiß der andere kaum mehr etwas damit anzufangen.
7. Feedback soll als persönliche Wahrnehmung formuliert sein und keinen Anspruch auf Allgemeingültigkeit erheben. Was den einen stört, findet der andere vielleicht gerade liebenswert.
8. Feedback soll immer konstruktiv, auf eine Verbesserung gerichtet sein. Feedback als Machtspiel fällt in den Bereich der unfairen Waffen des täglichen Lebens!

Zeigen Sie Dankbarkeit für echtes Feedback, hören Sie möglichst offen zu, und versuchen Sie nicht, sich sofort zu verteidigen. Nehmen Sie die Rückmeldung als Denkanstoß, als Hilfe, um endlich deutlicher zu erkennen, wie die anderen Sie wirklich sehen.

2.4 Verstärken Sie Ihre Stärken – der Weg zum Selbstbewußtsein

Haben Sie nun Antwort auf die drei vorherigen Fragen bekommen, ist ein realistisches Bild von Ihnen entstanden. Jede der drei Fragen hat ein etwas anderes Bild entstehen lassen. In dem Bereich, in dem sich diese drei Bilder decken, sind Sie am glaubwürdigsten, am echtesten. Das ist genau der Bereich, in dem Sie selbstsicher auftreten.

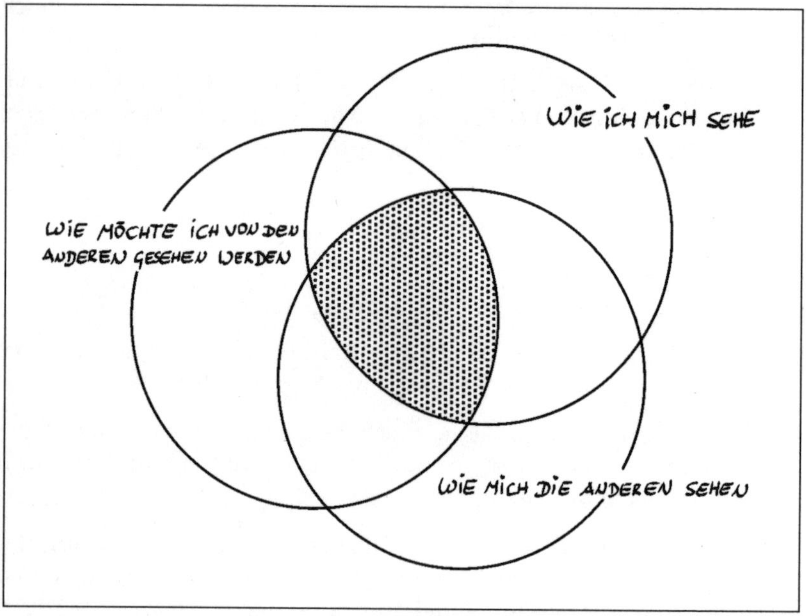

Je größer der Bereich ist, in dem sich die drei Bilder decken, desto selbstsicherer sind Sie, desto echter wirken Sie auf Ihre Umwelt: Wer gelernt hat, sich selbst mit allen Stärken und Schwächen zu akzeptieren, bei dem decken sich auch diese drei genannten Bereiche.

Stellen Sie bei diesem „Deckungsbild“ Ihre Stärken in den Vordergrund. Wenn Sie sich auf Dinge konzentrieren, die Sie gut können und gerne tun, rücken die „Schattenseiten“, die Schwächen, von selbst in den Hintergrund. Wer immer nur versucht, seine Schwachstellen auszugleichen, bleibt zu sehr im Negativen verhaftet. Positive Selbstmotivation bringt da wesentlich mehr!

2.5 Die innere Einstellung

Motivieren Sie sich selbst!

Führen Sie doch öfters positive Selbstgespräche. Statt zu denken: „Typisch, das kann ja nur wieder mir passieren!“, sollten Sie sich selbst auf die Schulter klopfen, wenn Ihnen etwas gelungen ist.
Wenn Sie Lob und Anerkennung von anderen bekommen, nehmen Sie es dankbar an. Gerade Frauen tendieren dazu, eigene Leistungen als selbstverständlich hinzustellen.

Freuen Sie sich, wenn Ihnen etwas gelungen ist.

Nur wer gelernt hat, eigene Erfolge vor sich selbst anzuerkennen und Mißerfolge nicht überzubewerten, wird von seinen Fähigkeiten überzeugt sein und diese Sicherheit auch ausstrahlen.

Die wichtigste Voraussetzung für ein selbstsicheres Auftreten ist also die positive innere Einstellung.

Grundregel 1: Meine positive innere Einstellung strahle ich nach außen, sie beeinflußt dadurch die Meinung der anderen.

Wer permanent mit einem griesgrämigen Gesicht durchs Leben geht, wird kaum einen positiven ersten Eindruck hinterlassen. Ein Lächeln als Ausdruck echter innerer Freude ist hingegen der beste Einstieg.
Wer sich jedoch immer nur auf sich selbst konzentriert, wird sich schwertun, eine positive Beziehung zu anderen aufzubauen. Denn so wichtig das Entwickeln des eigenen Selbstbewußtseins auch ist, mindestens genauso wichtig ist die Hinwendung zu unserem Gegenüber. Kommunikation ist, wie bereits erläutert, ein zweiseitiger Prozeß, keine reine Selbstdarstellung.

Grundregel 2: Wer sich selbst mag, ist auch fähig, andere zu mögen!

Selbstbewußtsein ist also die Grundvoraussetzung, um eine positive Beziehung zu anderen aufzubauen. Selbstbewußtsein darf nie Selbstzweck werden, sonst strahlen Sie lediglich Arroganz und Überheblichkeit aus. Wer ständig darauf bedacht ist, gut zu wirken, hat keinen Raum mehr, sich auf andere einzustellen. Und nur wer sich auf andere einstellen kann, findet die richtige Wellenlänge und hinterläßt einen guten ersten Eindruck.

Grundregel 3: Wenn ich den anderen achte, zeige ich ihm das auch!

Die innere Einstellung zeigt sich deutlich an meinem Benehmen, meiner Art, mit anderen umzugehen. Lasse ich ihm den Vortritt? Bin ich mir zu gut, dem anderen die Tür aufzuhalten? Bin ich bereit, auch einmal die eigenen Interessen für jemand anderen zurückzustellen?

Selbstbehauptung und Selbstverwirklichung sind häufig verwendete Schlagworte. „Wie werde ich erfolgreich, und wie komme ich als erster ans Ziel?“ – dieses Denken rückt immer mehr in den Vordergrund unserer heutigen Gesellschaft. Selbstbewußtsein wird dabei oft mit Egoismus verwechselt. Ich bin dann zwar zuerst am Ziel – nur hinterher fällt mir auf, daß ich dort ziemlich allein bin.
Stellen Sie sich also die Frage: „Was ist mir wichtiger – Selbstverwirklichung um jeden Preis oder Achtung und Liebe von meinen Mitmenschen?“

Gutes Benehmen hat nichts mit altmodischen und längst überholten Ritualen zu tun, sondern sollte Ausdruck der Achtung gegenüber dem anderen sein.

2.6 Selbstbewußt oder arrogant?

Selbstbewußtsein hat also nichts mit übertriebener Selbstdarstellung zu tun. Selbstdarsteller wirken wie schlechte Schauspieler – aufgeblasen und arrogant.
Wer versucht, sich immer nur perfekt zu präsentieren, wird den anderen unheimlich. Und wer uns in seiner Perfektion unheimlich

ist, den stufen wir gerne als arrogant ein. Schnell ist er mit einem Etikett versehen und in einer Schublade verschwunden.
Auch wer immer versucht, eine Rolle zu spielen, wird bald durchschaut. Die Rolle wird ihm vom „Publikum" nicht abgenommen, er wirkt unglaubwürdig und unecht. Und wen wir als unecht einstufen, mit dem kann sehr schnell das oben Erwähnte geschehen – ab in die „Arroganzschublade".
Versuchen Sie nicht, den anderen mit Ihrem Selbstbewußtsein gleich beim ersten Eindruck zu überfahren. Er reagiert dann meist mit Abwehr und Ablehnung. Sie erreichen wahrscheinlich kurzfristig Ihr Ziel, aber langfristig wird Ihr Image in seinen Augen nicht das beste sein. Kleine Unsicherheiten im Rahmen der ersten Begegnung dagegen sind oft ein guter Anhaltspunkt, die richtige Wellenlänge herzustellen.
Echtes Selbstwertgefühl wirkt nie arrogant: Es zeigt nur, daß sich der Mensch seiner Fähigkeiten bewußt ist.

Die Geschichte von der schönen Prinzessin

Es war einmal ein König, der hatte zwei Töchter. Er liebte beide gleich, obwohl sie sehr unterschiedlich waren. Prinzessin Gundula war schön, sanft, fleißig und klug. Ihre Schwester, Prinzessin Biotopia, war weniger schön, weniger sanft, weniger fleißig und auch klug.
Eines Tages rief der König die beiden Prinzessinnen zu sich. „Da ich keinen Sohn habe und sich die Zeiten sowieso geändert haben, wird einmal eine von euch auf meinem Thron sitzen. Ich hoffe, eine von euch wird sich als würdig dafür erweisen!"
Ihr fröhliches „Kleinprinzessinnen-Dasein" war damit vorbei, sie mußten nun viel lernen. Täglich kamen mehrere Lehrer ins Schloß, um die Mädchen in allen möglichen Fächern zu unterrichten: Geschichte und Geographie des Königreichs, Politik, höhere Diplomatie und Kochkunst, Festreden-Halten und Ritterkunde, Schreiben und Lesen. Gundula machte sich mit Feuereifer ans Werk. Bald konnte sie die Reichsverfassung auswendig aufsagen – von vorne und von rückwärts. Sie wußte, welcher Ritter wann wie zu schlagen war und wie man die Nationalspeise auch ohne Eier zubereiten konnte. Am meisten aber interessierten sie die ehemaligen Könige. Stundenlang stand sie in der Ahnengalerie und studierte Haltung und Aussehen ihrer Vorfahren. Ihr Vater war mächtig stolz auf sie.
Biotopia hingegen fand weniger Gefallen an all dem. Politik und Diplomatie interessierten sie reichlich wenig. Ihr Interesse galt nur dem Schloßgarten, und da ganz besonders dem Teich und seinen wunderschönen Seerosen. Sie verbrachte viel Zeit mit der Zucht von immer neuen Sorten und der Pflege der anderen Wasserpflanzen.
Auch äußerlich unterschieden sich die beiden Prinzessinnen immer mehr: Gundula trug ihr güldenes Haar in sanften Locken auf ihre Schultern fallend und bemühte sich stets um ein ernstes, würdiges Gesicht – so wie sie es bei ihrem Urgroßvater, Willibald dem Würdigen, gesehen hatte. Sie schritt mit gemessenem Gang einher, ganz nach dem Vorbild des obersten Hofzeremonienmeisters. Ihre Sprache war gewählt, und sie zitierte

auch gerne aus lateinischen Schriften. Der König mußte manchmal lächeln, aber er bewunderte ihren Eifer. Biotopia hingegen hatte ihre Haare zu zwei Zöpfen gebunden, eine Gärtnerschürze über dem Kleid, und ihre Gummistiefel trugen auch nicht gerade zu einem graziösen Gang bei. Außerdem fluchte sie manchmal ganz heftig, wenn sie irrtümlich in den Teich fiel. Konnte so eine zukünftige Königin aussehen?

Der Zeitpunkt der Entscheidung rückte näher. Der König wußte nicht, was er tun sollte. Er wollte keine seiner Töchter kränken. Also befragte er das Volk. Eine große Abstimmung unter allen Untertanen fand statt. Das ist zwar für ein Märchen unüblich, aber außergewöhnliche Situationen verlangen eben nach außergewöhnlichen Lösungen.

Wie das Volk entschieden hat? Es wählte mit großer Mehrheit Prinzessin Biotopia zur neuen Königin. Als der König einen Untertanen fragte, warum denn nicht Gundula, die sich doch so bemüht hatte, das Bild einer perfekten Königin abzugeben, antwortete der Mann:

„Ja, das perfekte Bild einer Königin, aber eben nur ein Bild! Prinzessin Biotopia dagegen ist, so wie sie ist. Wenn sie in den Teich fällt und flucht, dann erkennen wir uns alle in ihr wieder. Und wenn sie uns so gut behandelt wie ihre Seerosen, geht es dem Königreich sicher weiterhin gut!“

Böse Zungen behaupten jedoch, Prinzessin Biotopia hätte sich nur deswegen so für den Seerosenteich interessiert, weil sie auf den uns bekannten Frosch wartete …

3. Die visuelle Macht des ersten Eindrucks

3.1 Das Styling zum Erfolg

Wie gelangen wir zum ersten Eindruck über einen Menschen?

Bekanntlich beurteilen wir den anderen

zu 60%	nach dem Aussehen,
zu 33%	nach der Stimme
und nur zu 7%	nach seinen Worten!

Bei der ersten Beurteilung ist also das äußere Erscheinungsbild besonders wichtig. Auch wenn im „wahren“ Leben die inneren Werte zählen, beim ersten Eindruck ist der äußere Schein zunächst im Vordergrund.
Diese Tatsache rückt in unserer Gesellschaft noch mehr in den Vordergrund, da wir, wie in der Einleitung schon erwähnt, immer mehr von optischen Eindrücken geprägt werden. Das äußere Erscheinungsbild, das Styling, ist in vielen Bereichen unseres Lebens das Maß aller Dinge. Ob diese Entwicklung nun immer gut ist oder auch oft zur Oberflächlichkeit verleitet, soll jetzt nicht Gegenstand unserer Betrachtungen sein. Wir müssen mit der Erkenntnis leben, daß unser „Styling“ oft ausschlaggebend für die Entstehung unseres Images ist.

Beobachten Sie einmal bewußt Ihre Mitmenschen. Wie beurteilen Sie Menschen nach ihrem Aussehen? Betrachten Sie im täglichen Leben Menschen im Bus oder im Zug, und versuchen Sie, sich ein Bild über die Person zu machen. Sie werden merken, auf wie viele Details Sie achten, und wie Sie diese interpretieren. Wir haben alle gelernt, den anderen optisch zu beurteilen – allerdings viel zu selten bewußt.
Was aber gehört zu diesem äußeren Erscheinungsbild alles dazu? Worauf müssen wir – besonders im Berufsleben – achten?

Das Gesicht

Da ist zunächst unser auffälligster Teil, unser Gesicht. Sprüche wie „Die Augen sind die Fenster zur Seele“ und „Ein Lächeln sagt mehr als tausend Worte“ drücken das sehr deutlich aus. Normalerweise blickt uns jeder Fremde zuerst ins Gesicht.

Was sieht er da?
- Verdecken dicke, spiegelnde Brillengläser unsere Augen?
- Betont die falsche Lippenstiftfarbe die kleinen Linien um unseren Mund?
- Versteckt sich unser bezauberndes Lächeln hinter einem wüsten Vollbart?

Wie schon erwähnt, ist der erste Eindruck aufgrund eines urzeitlichen Bedürfnisses für uns so wichtig: Wir wollen erkennen, ob der andere eine Gefahr darstellt oder nicht. Wie sollen wir das aber feststellen, wenn wir nur einen Teil seines Gesichtes sehen? Verdeckt jemand durch Bart, Sonnenbrille oder ähnliches sein Gesicht, macht uns das sofort mißtrauisch. Was hat dieser Mensch zu verbergen?
Wenn Sie also einen Vollbart tragen, achten Sie darauf, daß er gepflegt und immer „in Form“ ist. Das Tragen von Sonnenbrillen in geschlossenen Räumen sollten Sie Mafia-Darstellern im Film überlassen. Es ist nicht nur unhöflich, sondern wirft ganz einfach ein schlechtes Licht auf Sie.
Wenn Sie Brillenträger sind, achten Sie darauf, daß die Brille auch wirklich zu Ihrer Gesichtsform paßt und die Farbe des Rahmens Ihrem Farbtyp entspricht. Entspiegeltes Glas ist günstiger, da irritierende Lichteffekte nicht von Ihren Augen ablenken. Die richtige Brille kann ein Gesicht sehr schmücken, die Augen besonders zur Geltung bringen und ein Ausdruck Ihrer Individualität sein!
Make-up sollte die Vorzüge eines Gesichtes betonen und nichts verfremden. Weniger ist meist mehr, und die richtige Farbwahl ist von entscheidender Bedeutung. Beachten Sie dabei, daß Augen-Make-up jene Akzente setzt, die dem Gesicht die typische Eigenart verleihen. Lassen Sie sich ruhig beraten, das dafür investierte Geld ist gut angelegt!

Die Frisur

Den Rahmen für Ihr Gesicht bildet die Frisur. Egal ob Sie dichtes, goldblond glänzendes oder dünnes, bereits leicht ergrautes Haar haben, die richtige Frisur ist entscheidend. Sich dabei nur nach Modeströmungen zu orientieren, ist falsch. Ausschlaggebend ist zunächst Ihre Gesichtsform, danach die Qualität Ihrer Haare sowie Ihr gesamter Stil, Ihre Persönlichkeit.

Nicht nur Frauen haben die Möglichkeit, durch eine neue Frisur einen „neuen Menschen“ aus sich zu machen. Manche Friseure bieten computerunterstützte Programme an, mit deren Hilfe Sie testen können, wie Sie mit einer neuen Frisur aussehen würden.

Das oberste Gebot aber ist die richtige Pflege. Schuppiges oder fettigsträhniges Haar wirkt in keinem Fall gut. Langes Haar soll wirklich gesund und glänzend aussehen. Wirken lange Haare ausgedünnt und von Grausträhnen bereits durchzogen, wird leicht das Image eines „Berufsjugendlichen“ vermittelt – das gilt gleichermaßen für Mann und Frau!

Für Männer, deren Haarwuchs langsam schütter wird, gilt: Bitte nichts vortäuschen, was nicht mehr vorhanden ist. Ein gepflegter Kurzhaarschnitt wirkt gerade bei weniger Haaren wesentlich vorteilhafter. Beweisen Sie Selbstsicherheit, und stehen Sie zu Ihrem natürlichen Aussehen.

Viele Frisuren, die in Modezeitungen als „trendig“ angepriesen werden, eignen sich nicht unbedingt für den beruflichen Alltag. In der Kreativ-Branche sind bunt eingefärbte, unterschiedlich lange Strähnen, die bis tief über die Augen reichen, unpassend.

Schmuck und sonstige Accessoires

Schmuck war zu allen Zeiten und in fast allen Kulturkreisen ein deutliches Erkennungszeichen: Je höher der gesellschaftliche Rang, desto wertvoller und auffälliger der Schmuck. So konnte man beispielsweise in der Kaiserzeit an einem Orden sofort erkennen, wen man da vor sich hatte – zumindest seiner gesellschaftlichen Bedeutung nach. Schmuck macht besonders deutlich, wie sich der Träger nach außen hin präsentieren will. Heute gilt jedoch nicht mehr der Grundsatz: „Je auffälliger und größer, desto vornehmer!“ Ganz im

Gegenteil: Dezentes Understatement wird heute mehr geschätzt denn je.
Tragen Sie als Frau bei Meetings nie einen wertvolleren und auffälligeren Schmuck als Ihre Chefin. Zu Ihrem eigenen Vorteil wählen Sie in einem solchen Fall besser dezenten Schmuck, der Neid verhindert. Und auch hier gilt ganz besonders: Wählen Sie den Schmuck, der Ihre Persönlichkeit zum Ausdruck bringt, der zu Ihnen paßt. Auch wenn Sie Goldschmuck lieben – vielleicht paßt Silberschmuck besser zu Ihrem Typ.
Ein auffallendes Schmuckstück für Frauen sind Ohrstecker bzw. Ohrringe: Sie setzen Akzente, die ein Gesicht gut betonen und damit ein Outfit perfekt abrunden können. Aber bitte keine Riesen-Creolen und überdimensionale Phantasiestücke zum Business-Look! Auch geschmackvoller Modeschmuck ist mittlerweile gesellschaftsfähig geworden (und oft auch schon mindestens genauso teuer wie echter) – er sollte nur auch als solcher erkennbar sein. Stillos sind nämlich alle Arten von Imitationen; falsches Gold und falsche Perlen wirken billig.
Ähnliches gilt für Uhren: Besser eine Schweizer Plastikuhr als eine Cartier-Imitation aus Hongkong! Uhren sind auch das wichtigste „Schmuckstück" bei Männern. Sie haben weniger Möglichkeiten, Schmuck zu tragen. Goldketten und Siegelringe bei Männern kreieren allerdings ein eindeutiges Image!
Neben dem Schmuck sollen auch die übrigen Accessoires aufeinander abgestimmt sein. Ein blauer Gürtel zum schwarzen Kostüm, eine türkisfarbene Krawatte zum dunkelgrünen Anzug werden kaum für Furore sorgen. Legen Sie gerade auf die Details Ihres Erscheinungsbildes Wert: Das sind oft Dinge, die man zwar nicht bewußt wahrnimmt, die jedoch den Eindruck gerade deshalb nachhaltig prägen. Sie beweisen, ob jemand Stil hat oder nicht. Was gewisse Details über ihre Träger aussagen, werden wir nachfolgend noch näher betrachten.

Schuhe und Strümpfe

Auf die Schuhe wird viel zu oft zu wenig Wert gelegt. Und gerade auf die Schuhe sehen die anderen immer wieder. Schuhe sagen viel über den/die TrägerIn aus. Oberstes Gebot ist auch hier die richtige Pfle-

ge. Abgetretene Absätze, Schmutz und Verformungen (weil ohne Schuhstrecker aufbewahrt) geben kein gutes Zeugnis für den Träger ab. Schuhe sollten im Berufsleben grundsätzlich nur aus Leder sein. Zum weiblichen Business-Outfit passen am besten klassische Pumps mit drei bis vier Zentimeter Absatz, zu Hosenanzügen kann Frau auch flache Schuhe wie etwa Schnürschuhe im Herrenstil tragen. Für Herren gilt: Besser klassische Schnürmodelle mit Ledersohle als Slipper mit dicken Plastiksohlen. Gerade Männer legen oft wenig Wert auf edle Schuhe. So sieht man oft einen edlen Designer-Anzug kombiniert mit ungepflegten Synthetikschuhen. Diese Art von Stilbruch wird niemand als interessant empfinden. Die Schuhe sollten auch farblich zur Kleidung passen und eignen sich nicht für modische Farbexperimente.
Die alte Regel, nach der eine „echte Dame nie ohne Strümpfe geht", ist heute zum Teil überholt. In vielen Büros ist im Sommer ein gepflegtes Bein auch ohne Strumpf erlaubt. Bei besonders wichtigen Anlässen empfehlen sich auch weiterhin Strümpfe (Reservepaar nie vergessen!).

Bei Männern gilt: Bitte zum Anzug grundsätzlich nur dunkle Socken, niemals weiße! Wählen Sie hier Naturfasern, Ihr Fuß und die Nasen Ihrer Mitmenschen werden es Ihnen danken. Wichtig ist auch, daß die „am wenigsten erotische Zone des Mannes", jene paar Zentimeter behaarten Schienbeins und Wade zwischen Sockenrand und Hosensaum, auch beim Übereinanderschlagen der Beine nicht sichtbar ist.

3.2 Kleidung oder Verkleidung?

Der wichtigste „Stylingbereich" ist die Kleidung. Sie spiegelt am deutlichsten unsere Selbstdarstellung wider. Sie wird beeinflußt von unseren Bedürfnissen, unseren Vorlieben und der Mode.
Mode ist Ausdruck der Kultur. Sie zeigt gesellschaftliche Strömungen, drückt das Selbstverständnis einer Gesellschaft aus. Wir richten uns nach den modischen „Spielregeln", weil wir Teil dieser Gesellschaft, dieser Kultur, sind. Niemand würde auf die Idee kommen, sich heute so zu kleiden wie am Hofe Ludwigs des XIV. – außer auf einem Kostümfest. Wir haben also Richtlinien, innerhalb derer wir

uns bewegen. Trotzdem wechseln die Trends immer häufiger, die Mode wird immer vielfältiger. Was heute als supermodisch gilt, ist morgen absolut „out".

Sehen wir doch diesen Trend des raschen Wechsels positiv, als Trend zur Vielfalt. Kaum noch in zweites Mal in unserer Geschichte hatten wir die Gelegenheit, aus derart vielen Möglichkeiten zu wählen. Statt jeden neuen Trend bedingungslos mitzumachen, sollten wir unseren persönlichen Stil entwickeln und diesem auch treu bleiben.

Das bedeutet jedoch nicht, daß Sie immer die gleichen Kleidungsstücke tragen sollen, sondern sich aus den neuen Trends immer nur genau jene heraussuchen, die zu Ihrem Stil passen.

Erinnern Sie sich an das vorherige Kapitel: Jeder Mensch ist ein Original, ist einmalig. Und das sollte er auch nach außen hin zeigen und nicht versuchen, sich hinter einer falschen Rolle zu verstecken. Viele unserer Mitmenschen verstecken sich hinter der falschen Kleidung: ihre Kleidung wird zur Verkleidung!

- Versucht der biedere Bankangestellte mit bunter Krawatte in Kombination mit einem Hawaii-Hemd lässig zu wirken, ist er verkleidet.
- Trägt die durchtrainierte Sportartikel-Verkäuferin zur Arbeit ein strenges Business-Kostüm, wirkt sie verkleidet.
- Kommt der Vorstandsvorsitzende im Jogginganzug zum Quartalsmeeting, wird er abgewählt!

Ihre Kleidung muß ebenso zu Ihnen wie zum jeweiligen Anlaß passen. Ihre Kleidung soll Ihre Persönlichkeit unterstreichen, sie soll ein harmonisches Gesamtbild entstehen lassen: „Ich will mich nicht hinter ihr verstecken, und ich will niemanden hinters Licht führen."

Die nachfolgenden Tips gelten primär für das Berufsleben. Damit ist nicht gemeint, daß Kleidung in Ihrer Freizeit unwichtig wäre – auch da gelten die gleichen Grundsätze, auch da wollen Sie einen positiven ersten Eindruck hinterlassen. Vielleicht treffen Sie beispielsweise beim nächsten Spaziergang Ihren neuen Chef. Oder Sie laufen ausgerechnet der neuen, überaus sympathischen Kollegin im Supermarkt über den Weg und bereuen zutiefst, nur den Jogginganzug angezogen zu haben. Bleiben Sie Ihrem Stil auch in der Freizeit treu, sonst liegt der Verdacht nahe, daß Sie meist nur verkleidet sind.

Ein Mosaikstein, um im Berufsalltag erfolgreich zu sein, ist es also, auf Ihre Kleidung besonders zu achten. Denn „Kleider machen Leute" – vorausgesetzt, es sind die richtigen!

Einige Tips zur Kleidung:

1. Passende Kleidung muß nicht teuer sein. Sie soll „passen" – im Schnitt, im Material und in der Farbe. Das teuerste Designerstück ist Verkleidung, wenn es nicht zu Ihnen paßt.
2. Der Schnitt Ihrer Kleidung soll Ihre Figur unterstreichen. Ein paar Zentimeter Rocklänge mehr oder weniger bringen die Beine vielleicht besser zur Geltung. Bei Männern entscheidet die Figur, ob sie Doppelreiher oder Einreiher wählen sollen.
3. Achten Sie auf die Paßform Ihrer Kleidung. Zu lange Ärmel stören den Gesamteindruck. Sitzt der Rock um die Hüften zu eng, wirken Sie stärker, als Sie tatsächlich sind. Schiebt sich das Sakko am Rücken hoch, erweckt das den Eindruck einer gebückten Haltung. Und nicht nur die äußere Erscheinung ist dabei wichtig, auch das innere Wohlbefinden. Wer sich nicht wohl fühlt, weil seine Kleidung beengt, der wird auch wenig Harmonie ausstrahlen.
4. Das Material Ihrer Kleidung ist ein entscheidender Faktor. Auch wenn derzeit Kunstfasern den Modemarkt erobern – wer schon einmal einen Vortrag in einer „100%-Polyester-Umhüllung" gehalten hat, weiß, was wir meinen. Naturfasern, besonders Baumwolle, tragen sich einfach angenehmer auf der Haut. Wolle und Angora ist dagegen nicht dafür geeignet, direkt auf der Haut getragen zu werden. Wollstoffe oder Leinen sehen dafür bei Anzügen, Kostümen und Kleidern wesentlich edler aus als dünne Kunstfasern.
5. Achten Sie auf eine gute Kombinationsfähigkeit Ihrer Kleidung. Wer einmal seinen Stil gefunden hat und weiß, welche Farben zu ihm passen, wird damit kein Problem haben. Die

einzelnen Teile passen dann wie von selbst zusammen. Wer jedoch ständig einen neuen Trend verfolgt, hat vor allem unkombinierbare Einzelteile im Schrank hängen.

6. Entwickeln Sie auch beim Material- und Mustermix in Ihrer Garderobe Ihr persönliches Gefühl. Es wirkt zwar am Laufsteg im Pariser Modetempel kreativ, zur Hose aus Sackleinen ein Seidenoberteil mit Strickbünden zu tragen, beim Meeting in Ihrer Firma jedoch befremdend. Kombinieren Sie daher dicke und dünne Stoffe bzw. mehr als zwei verschiedene Muster äußerst vorsichtig.
7. Lassen Sie sich von VerkäuferInnen nichts einreden! Nehmen Sie besser eine Person Ihres Vertrauens zum Kleidungskauf mit, die Ihnen auch ehrlich sagt, wenn das Kleidungsstück nicht zu Ihnen paßt. Denn das ist das einzige Kaufkriterium – und nicht, „ob man das jetzt halt so trägt"! Prüfen Sie beim Kauf sehr kritisch Material und Farbe, auch bei Tageslicht. Lesen Sie die Pflegeanleitung! Und hören Sie auf Ihr Gefühl – das sagt Ihnen oft sehr genau, ob Sie sich in diesem Stück wohl fühlen oder nicht.
8. Auch wenn es am Morgen noch so zeitig und draußen ziemlich finster ist – prüfen Sie genau, ob nirgends ein Schmutzfleck zu sehen ist. Ein Schmutzfleck, während einer Sitzung entdeckt – und noch dazu für andere gut sichtbar –, kann uns ziemlich aus dem Konzept bringen.
   Als persönlichen Tip empfehlen wir Frauen, Reservestrümpfe bereitzuhalten, denn Laufmaschen wirken nun einmal nicht dekorativ – auch wenn jede Frau dieses Problem kennt und versteht!

Die richtigen Farben

Immer mehr Menschen befassen sich heute damit, was für ein „Farbtyp" sie sind. Und das mit gutem Recht: Farben haben Signalwirkung, Farben erzeugen Stimmungen, sie wirken direkt auf unsere Psyche.
Kennen Sie den Unterschied zwischen einem leuchtenden Blaugrün und einem gedeckten Gelbgrün? Oder ist für Sie grün einfach grün?

Jede Farbe hat eine unendliche Anzahl von Zwischentönen, und es gibt fast beliebig viele Mischtöne. Mit modernen Technologien werden heute immer neue Farben kreiert, inklusive Glitzer- und Neonfarben. Diese Vielfalt verwirrt manchmal unsere Sinne, wir sind häufig „reizüberflutet". Nicht umsonst tragen gerade kreative Menschen, die in ihrem Beruf besonders viel mit Farbe zu tun haben, bevorzugt Schwarz.
In all dieser Vielfalt die für mich passenden Farben zu finden, ist nicht einfach. Das rote Kostüm in der Lieblingsboutique zum Beispiel ist vielleicht verlockend – warum soll ich mich nicht einfach trauen, auch einmal Rot zu tragen? An meiner Freundin sieht ihr rotes Kleid ja auch so toll aus! Das Kostüm bekommt dann vielleicht sogar Komplimente, aber gelten die auch mir selbst? Was vielleicht bei dem einen chic wirkt, läßt den anderen im wahrsten Sinne alt aussehen!
Die „falsche" Farbe betont Hautunreinheiten, hebt Falten hervor, läßt Augen und Haare glanzlos und die Person insgesamt krank oder erschöpft aussehen. Die „richtigen" Farben hingegen unterstreichen unsere Augen und Haare, wir sehen dadurch frischer und gesünder aus.
Wir unterscheiden grundsätzlich vier Farbtypen, nach den vier Jahreszeiten: den Frühlings-, den Sommer-, den Herbst- und den Wintertyp.

- Winter und Sommer werden als „kühl" eingestuft, der Grundton ihrer Farben ist Blau. Der Winter hat dabei eher kräftige, klare Farben, der Sommer eher gedeckte.

- Frühling und Herbst gelten als „warme" Jahreszeiten, ihr Grundton ist Gelb bzw. Gold. Auch hier hat der Frühling eher die klaren, leuchtenden Farben und der Herbst die gedämpfteren.

Die Grundidee stammt von dem Farbtheoretiker Johannes Itten, einem Künstler und Lehrer. Er spezialisierte sich auf die Bedeutung und Anwendung von Farben und stellte bei seinem Unterricht fest, daß viele seiner Schüler in ihren Bildern genau jene Farben verwendeten, die auch mit ihren eigenen Körperfarben harmonierten. Auf dieser Erkenntnis aufbauend, entwickelte sich eine eigene Farbenlehre, die sich damit befaßt, welche Farben des Spektrums am besten

zum persönlichen Typ passen. Ausschlaggebend sind dabei die Farbtönungen von Haut, Haaren und Augen.
Haben Sie einmal „Ihre" Farben herausgefunden, ist es nicht mehr schwer, immer das passende Outfit zu wählen. Die einzelnen Farben sind untereinander leicht kombinierbar, und Ihre Garderobe paßt. Statt des Kompliments über das schöne Kostüm werden Sie eher hören: „Du siehst aber heute gut aus!" Und schließlich sollen ja Sie erfolgreich sein und nicht Ihr Kostüm!

Exkurs: Die psychische Wirkung von Bekleidungsfarben

Rot: *Rot wirkt extrovertiert, als Blickfang, zieht Aufmerksamkeit auf sich, wirkt optimistisch und energiegeladen bis hin zu feurig und leidenschaftlich, in Kombination mit Schwarz fast schon dramatisch – keine Farbe für Mauerblümchen!*

Orange: *Diese Farbe stimuliert die Sinne, aktiviert und regt an. Sie setzt ein Zeichen der Selbstsicherheit, des Mutes und der Abenteuerlust. Sie wirkt fröhlich und extrovertiert, steht für Kommunikationsfähigkeit – nichts für Pessimisten!*

Gelb: *Gelb steht für Wissensdurst und Forscherdrang, für Offenheit mit gleichzeitiger Liebe zum Detail. Es wird mit der Sonne assoziiert und wirkt daher auch positiv und optimistisch. Es steht aber auch für Autorität und Kontrolle – nichts für Schattengestalten und Duckmäuser!*

Grün: *Diese Farbe drückt Harmonie und Gleichgewicht aus. Sie wirkt beruhigend, ausgleichend und eher konventionell. Sie steht für Natur und Sicherheit – nichts für Mittelpunktstypen!*

Türkis: *Türkis wirkt klar, erfrischend und offen. Es bringt auch Klarheit ins Denken, ins Fühlen und steht für offene Kommunikation. Es wirkt jugendlich, dynamisch und weckt Interesse – nichts für Stubenhocker!*

Blau: *Blau steht für Ehrlichkeit, Treue und Tradition. Es wirkt ruhig, friedlich und still. Es fördert Ordnung und den Blick hinter die Dinge – nichts für Revoluzzer!*

Lila: *Lila steht für Selbstachtung, Würde und Selbstsicherheit. Im katholischen Glauben ist es Sinnbild für Demut und Spiritualität. Früher wurde die Farbe Lila oft für Reichtum und Herrschertum verwendet. Sie steht auch für Extravaganz – nichts für graue Mäuse!*

Braun: *Es symbolisiert die Erde, die Stabilität und die Elemente. Es bezeigt eine feste Verwurzelung, Selbstsicherheit und Autorität. Es steht auch für Treue und Organisationstalent. Es wirkt ernsthaft und solide – nichts für Luftikusse!*

Weiß: *Weiß wird mit Reinheit, Unschuld und Sauberkeit assoziiert. Es ist die Farbe der Luft, der Losgelöstheit. Es reflektiert andere Farben, läßt diese leben, ohne sie zu erdrücken. In östlichen Kulturen auch die Farbe des Todes und der Trauer – nichts für Schwarzseher!*

Schwarz: *Schwarz ist die Farbe, die alle anderen Farben und auch das Licht verneint. Viele sagen daher, es ist überhaupt keine Farbe, das Gegenteil von Farbe. Sie steht bei uns für Trauer, Tod, Buße. Sie wirkt aber auch geheimnisvoll und dadurch interessant. Sie kann auch Ausdruck von Rebellion und Ablehnung gesellschaftlicher Normen sein. Besonders bei Jugendlichen ist die „schwarze Phase“ notwendig, um sich von der bunten Jugendzeit zu lösen – nichts für Bunte Vögel!*

3.3 Kleidung als Ausdruck von Kompetenz, Status und Selbstdarstellung

Was ist eigentlich guter Stil?

- Der persönliche Stil ist der individuelle Ausdruck der eigenen Persönlichkeit. Er verdeutlicht die Unverwechselbarkeit dieser Person.
- Guter Stil ist daher nichts Objektives, nichts Absolutes und hat nichts mit Nachahmung zu tun. Einen bestimmten Stil einfach zu kopieren, wäre völlig falsch. Daher ist die kritische Distanz zu allen Modeerscheinungen so wichtig: Prüfen Sie bitte zuerst, ob etwas zum eigenen Stil paßt oder nicht.
- Guter Stil ist keine Frage des Geldes. Es gibt sehr viele schlecht und teuer angezogene Leute, die trotz Designergarderobe kein Charisma ausstrahlen. Daher besser ein Stück weniger im Garderobeschrank zu haben, dafür aber Kleidung, die auch zu Ihnen paßt.
- Guter Stil ist kein Privileg der Schönen, Jungen und Reichen. Egal, welche körperlichen Voraussetzungen Sie mitbringen, jeder Mensch hat Pluspunkte, die er herausstreichen kann. Wichtigste Voraussetzung dazu ist ein gepflegtes Auftreten.
- Guter Stil drückt sich vor allem auch in den Details aus. Ein Tuch, eine Brosche, Sonnenbrillen und Schuhe geben Informationen über die Person. Wählen Sie diese Accessoires auch sorgfältig aus, sie beweisen oft eher Ihren persönlichen Geschmack als Ihre Kleidung. Zeigen Sie ruhig Liebe zum Detail.
- Über guten Geschmack läßt sich streiten, über guten Stil nicht. Geschmack ist sehr individuell: Was der eine wunderbar findet, ist für den anderen unerträglich. Guter Stil aber ist das, was zu mir paßt – und das ist objektivierbar!
- Guter Stil bedeutet auch, für den richtigen Anlaß richtig gekleidet zu sein. Sind Sie nicht so ganz sicher, was passend ist, gilt die Grundregel: lieber under- als overdressed! Ein auffälliges Cocktailkleid beim Betriebsausflug ist wesentlich peinlicher als ein

schlichter Hosenanzug beim Geschäftsdinner. Besondere Sorgfalt ist vor einem öffentlichen Auftritt oder einer Präsentation angesagt. Sie stehen in diesem Fall im Rampenlicht, und jedes noch so kleine Detail wird genau unter die Lupe genommen!

3.4 Die Signalwirkung von Details

Sie haben jetzt viele Tips erhalten, was es alles beim eigenen Outfit zu beachten gilt. Wie aber interpretiere ich das Outfit des anderen? Was sagt sein Styling über ihn aus? Was verraten vor allem die Details?
Wer sein Outfit bewußt gestaltet, setzt sich ein Ziel, wie er wirken, was er ausdrücken möchte. Nach der Gesamtwirkung wird er dann auch von den anderen eingeordnet, mit einem Etikett versehen. Nachfolgend die häufigsten „Etiketten“:

seriös	bieder	jugendlich	farbenfroh
trendig	sexy	gesetzt	langweilig
dramatisch	unauffällig	sportlich	geschäftsmäßig
auffallend	dezent	topmodisch	klassisch
aufwendig	mit Understatement	provokant	angepaßt
geschlechtsneutral, androgyn		betont männlich/feminin	

Statussymbole

Ein wichtiges Mittel, sich selbst darzustellen, sind – wie bereits erwähnt – Statussymbole. Sie sollen für jeden erkennbar machen, wo der andere einzuordnen ist, sie sollen seine Wichtigkeit zeigen. Dieser Begriff wird ausschließlich im Zusammenhang mit Symbolen der Macht, des Reichtums, des hohen Ranges angewendet. Obwohl auch ein zerbeultes altes Auto einen gewissen Status anzeigt, wird der Begriff Statussymbol dafür nicht verwendet.
Bleiben wir gleich beim Auto. Es ist das klassische Statussymbol schlechthin. Besonders interessant wird die Sache dann beim Firmenwagen. Auf die Zuteilung des richtigen (zur jeweiligen Hierarchiestufe passenden) Modells wird in manchen Firmen mehr Wert gelegt als auf eine exakte Stellenbeschreibung. Es soll Menschen geben, bei denen das in Aussicht gestellte Firmenauto Grund genug ist, einen Job nicht anzunehmen.
Wir möchten hier nicht über das Image der einzelnen Automarken bzw. deren Fahrer sprechen. Achten Sie in Ihrem Alltag einmal darauf, wie wichtig es jemandem ist, daß auch beim ersten Eindruck sein Auto mit einbezogen wird. Erzählt Ihnen der neue Klient beim Small talk sofort, daß er sich gerade in seinen neuen Mercedes eine bestimmte Sonderausstattung einbauen hat lassen, liegt die Vermutung nahe, daß dieser Mensch ein gemindertes Selbstwertgefühl hat. Er braucht das teure, „angesehene“ Auto, um sein Ansehen aufzubessern.
Und genauso verhält es sich mit allen Statussymbolen, die in den Vordergrund gerückt werden. Egal ob jemand mit seinem Windhund, der Hazienda in Kalifornien oder dem Privatchauffeur für die Kinder angibt: die Wirkung ist kontraproduktiv! Es geht hier jedoch nicht um das Verdammen sämtlicher Statussymbole: sie sind oft ganz natürliche Begleiterscheinungen des erfolgreichen Menschen – aber eben nur Begleiterscheinungen und nicht Selbstzweck!

„Berufsinsignien“

Gerade im Management hat sich eine neue Art von Statussymbolen entwickelt: die Arbeitshilfsmittel. Es ist nicht gleichgültig, mit wel-

cher **Aktentasche** der junge, aufstrebende Assistent die Firma betritt. Ist der Aktenkoffer besonders dick und schwer, läßt das auf Übereifer oder heimliche Nachtschichten schließen.
Die kleine, elegante Aktenmappe des Herrn Direktors hingegen zeigt, daß dieser es nicht nötig hat, sich mit Unmengen von Papier zu belasten, die wichtigen Fakten hat er sowieso alle im Kopf.
Einen besonderen Platz bei den Berufsinsignien nehmen die **Zeitplanbücher** ein. Sie geben Zeugnis über den Arbeitsstil, die Effizienz und die Bedeutung des Besitzers. Den Trend erkennend, haben die Hersteller immer prächtigere und immer teurere Ausgaben auf den Markt gebracht. Doch nicht so sehr die Ausführung, vielmehr die Handhabung des Kalenders trifft Aussagen über seinen Besitzer. Wer das „Buch" nur als Ablage seiner Belege verwendet oder nicht auf einen Griff den nächsten Termin findet, weil er sich in einem Durcheinander von Jahres-, Quartals-, Monats-, Wochen- und Tagesplänen verliert, beweist seine mangelhafte Arbeitstechnik. Wer hingegen seinen Planer möglichst dünn (und eher klein) gehalten hat, fein säuberlich und jederzeit auffindbar seine Termine mit dem eleganten Druckbleistift notiert, der weist sich als erfolgreich und dynamisch aus. Viele Manager sind mittlerweile auch schon auf EDV-unterstützte Terminplaner umgestiegen – was einige Vorteile hat. Allerdings fällt das elegante, in weinrotes Leder gebundene Buch „zum Anhalten" dann eben weg.
Schreibgeräte nehmen speziell bei Männern einen wichtigen Rang im Berufsleben ein. Fragt man einen Mann, mit welchem Schreibgerät seine Kollegen in den Meetings mitschreiben, werden sie meist sehr genau Auskunft geben können. Billige Wegwerfschreiber, womöglich mit Werbeaufdruck, lassen zwar auf einen sparsamen Menschen schließen, elegante Qualitätskugelschreiber wirken trotzdem „erfolgreicher". Leute, die mit Füllfeder schreiben, erwecken den Eindruck, nicht die Allerschnellsten zu sein – oder sie sind es gewohnt, nur mehr Unterschriften unter wichtige Dokumente zu setzen.

Berufskleidung

Bei vielen Berufen stellt sich die Frage nach dem Styling erst gar nicht. Berufskleidung muß praktisch und leicht zu reinigen sein.

Trotzdem sind auch hier Gepflegtheit und Sauberkeit nach Möglichkeit zu wahren. Eine „schmutzproduzierende" Arbeit ist keine Ausrede für mangelnde Körperpflege und ungepflegte Kleidung!
In manchen Firmen gibt es genaue Bekleidungsvorschriften, die nicht unbedingt mit praktischen Erwägungen zusammenhängen. Sie sollen vielmehr Ausdruck einer Identifikation mit der Firma sein. Die Firmenfarben sind Gelb und Schwarz, also trägt „man" gelbschwarze Krawatten oder Blusen. Besonders verbreitet ist dies bei Unternehmen aus dem amerikanischen Raum. Dort ist der Wille der Angestellten zur Identifikation viel ausgeprägter als in Europa, wo solche Kleidercodes meist reserviert betrachtet werden. Hier wird oft versucht, Vorschriften durch kleine Details wie etwa Tücher und Schals mit einer individuellen Note zu versehen.

Der bewußte Stilbruch

Viele Menschen tragen unbewußt Kleidungsstücke oder Accessoires, die nicht immer zusammenpassen. Manche setzen einen solchen Stilbruch als bewußtes Ausdrucksmittel ihrer Persönlichkeit ein. Die Jeans zum Sakko sollen kreative Lässigkeit demonstrieren, die nur dürftig gebändigte Lockenmähne zum strengen schwarzen Anzug im Herrenstil soll die versteckte und damit um so reizvollere Weiblichkeit andeuten. Wer bewußt einen Stilbruch begeht, möchte verhindern, sofort in eine Schublade gesteckt zu werden. Oder er möchte gegen starre Bekleidungsvorschriften protestieren. Oder einfach Interesse wecken.
Der Hang zum Stilbruch kann aber auch übertrieben werden. Bunte, mit Mickey-Mäusen bedruckte Socken zum schwarzen Anzug sind kein Ausdruck von Witz und Kreativität, sondern eher ein Zeichen von übertriebenem Geltungsdrang. Ähnlich verhält es sich da mit den „betont witzigen" Krawatten, z. B. aus Plastik, mit eingeschweißten Konfettis! In den achtziger Jahren war es in den USA bei erfolgreichen Business-Frauen Mode, zum klassischen Geschäftskostüm Turnschuhe zu tragen. Egal, ob damit besondere Schnelligkeit und Dynamik oder der absolute Wille zum Überholen der (männlichen) Kollegen ausgedrückt werden sollte, viele fanden es einfach unästhetisch!

3.5 Die kleine Liste der Stilblüten im Business-Look oder Wie komme ich am sichersten in die „Schlechter Geschmack"-Schublade?

Für Frauen:

- Rüschenblusen, Schleifchen und Flitter
- Rosa Hot pants, knallenge Minis und zu tiefe Dekolletés
- Ivana-Trump-Frisuren
- Zu hohe, zu dünne Absätze
- Leggings
- Transparentblusen
- Goldene oder silberne Taschen und Schuhe
- Übergrößen im Skaterlook
- Zu auffälliger Schmuck und Plastikjuwelen
- Ungepflegtes Haar, herauswachsende Tönung
- Vamp-Make-up, greller Lippenstift, falsche Wimpern
- Elastikgürtel
- Plastiktaschen, Rucksäcke und Mickey-Mouse-Accessoires
- Abgeblätterter Nagellack und Billigparfüms
- Markenimitationen

Für Männer:

- Rollsocken
- Weiße oder bunt gemusterte Socken
- Plastikschuhe
- Ungepflegte Bärte und Frisuren
- Hightech-Uhren mit Digitalanzeige
- Medaillons, Goldketten und ähnlicher Schmuck
- Brillen mit Spiegelgläsern
- Plastik-Aktentaschen
- Schweißgeruch und Billig-After-Shave
- Schlecht rasierte Gesichter und ungepflegte Bärte
- Markenimitationen
- Sweatshirt zur Stoffhose
- Schlampige, breite Krawattenknoten
- Markenetiketten an Anzügen oder Schuhsohlen

Diese Liste ließe sich beliebig lang fortsetzen. Wir Menschen sind schier unerschöpflich in unserem Ideenreichtum, wenn es um schlechten Stil geht!

4. Die richtige Vorbereitung

4.1 Spontaneität läßt sich planen

So, jetzt haben wir den typischen Sieger genau vor Augen: selbstbewußt und trotzdem sympathisch, modisch und farblich bis ins Detail perfekt gestylt, Harmonie und Persönlichkeit ausstrahlend, so steht er vor uns – ein Gesamtkunstwerk! Und dieses Gesamtkunstwerk versteht es auch noch, charmant und schlagfertig zu plaudern! Von der ersten Sekunde an fallen ihm genau die passenden Worte ein, und sofort liegen ihm alle zu Füßen!
Beschleichen auch Sie leichte Neidgefühle, wenn so ein Muster an Schlagfertigkeit und spontanem Charme vor Ihnen steht? „Na klar", werden Sie sagen, „aber so etwas kann man eben nicht lernen, so etwas hat man in die Wiege gelegt bekommen oder nicht. Ich kann machen, was ich will, mir fallen immer erst hinterher die besten Bemerkungen ein!"

Jeder von uns kennt die Situation: Irgendein wichtiger Anlaß, bei dem man einen besonders guten ersten Eindruck hinterlassen möchte. Vor lauter krampfhaftem Bemühen, nur ja nichts falsch zu machen, sich nicht gleich zu blamieren, fällt einem auch rein gar nichts ein, was man zum Einstieg sagen könnte. Ein verlegenes, hilfloses Lächeln ist alles, was gerade noch gelingt. Einige Zeit nach dem Termin entstehen plötzlich genau die fehlenden Formulierungen vor unserem geistigen Auge. Sicher hätte man seine Ziele damit leichter erreicht!

Versuchen Sie es doch einfach einmal andersherum: Entwickeln Sie Ihre Fähigkeiten schon vor dem ersten Auftritt! Spontaneität läßt sich planen!

Die eigenen Ziele festlegen

Will ich bei fremden Menschen gut wirken, muß ich mir erst darüber klar werden, welchen Eindruck ich überhaupt hinterlassen möchte, welches Ziel ich mit meinem ersten „Auftritt" verfolge.

Was will ich erreichen? Wen will ich beeindrucken? Warum ist das für mich wichtig? Welches Image hätte ich gerne?
Überlegen Sie auch, was für Folgen es hätte, wenn Sie auf Anhieb nicht so gut ankommen würden. Wäre das für Sie sehr schlimm? Vorteilhaft ist es immer, sich mögliche Folgen auszudenken. Wenn Sie sich ein sogenanntes „Worst Case Scenario“ vorstellen, finden Sie vielleicht heraus, daß es auch nur halb so schlimm wäre, wenn dieser schlimmste Fall eintreten würde. Diese Erkenntnis bewirkt ein wesentlich entspannteres Verhalten!

Sich vorher informieren

Je besser Sie sich über die Situation und die Personen, auf die Sie treffen werden, informieren, desto souveräner können Sie der neuen Situation begegnen.

Beginnen wir bei den Personen:

- Kenne ich den(die)jenigen schon?
- Bin ich ihnen schon einmal begegnet?
- Welche Namen kenne ich?
- Welche Titel muß ich beachten?
- Wie rede ich die jeweilige Person an?

Mache ich zum Beispiel einen Besuch bei einem möglichen Kunden, ist es von Vorteil, wenn ich vorher schon einiges über ihn weiß. Gemeint sind hier aber nicht nur geschäftlich relevante Informationen, sondern auch Zusatzinfos wie z. B. Hobbys, Familiensituation, Vorlieben, Besonderheiten im beruflichen Werdegang, Herkunft und ähnliches. Damit finden Sie leichter Zugang zu einem Thema, das auch den anderen interessiert.
Wenn Sie allerdings z. B. vom Hobby des anderen nichts verstehen, dann tun Sie auch nicht so als ob! Wer bei einem Gespräch über den Golfsport bei der Frage nach seinem Handicap über seine Kurzsichtigkeit spricht, wird nur peinliches Schweigen ernten und hat sich ziemlich blamiert! Sie können auch dann Interesse zeigen, ohne den Sport selbst auszuüben.
Bei wichtigen Verhandlungen ist es aus unserer Erfahrung besonders von Vorteil, sich über Stärken, Schwächen und sonstige Eigenheiten

des Verhandlungspartners zu informieren. Es ist abzuklären, welche Position der andere im Unternehmen bekleidet und über welche (informelle) Macht er verfügt. Das Zurechtlegen der richtigen Taktik fällt Ihnen damit leichter.

Grundsätzlich gilt: Je besser es Ihnen gelingt, sich in den anderen schon vorher hineinzuversetzen, desto besser können Sie auf ihn eingehen. Und desto weniger werden Sie überrascht oder verunsichert. Sie sollen wissen, was Sie erwartet: Freut sich der andere, mich zu sehen? Ist mein Besuch vielleicht nur lästig und unangenehm für ihn? Bin ich willkommen, fällt der positive Einstieg leichter. Bin ich aber alles andere als gern gesehen, habe ich schlechtere Karten. Allerdings ist es immer noch besser, um diesen Startnachteil zu wissen, als davon überrumpelt zu werden!

Den richtigen Zeitpunkt wählen

Vieles hängt davon ab, ob mein erstes Zusammentreffen unter einem günstigen zeitlichen Aspekt steht. Hat der neue Abteilungsleiter soeben ein längeres Gespräch mit seinem Vorgesetzten gehabt, und ist er gerade dabei, Aufträge in die Wege zu leiten, wird er auf meine Bitte um ein paar Urlaubstage vielleicht nur kurz angebunden antworten.

Und ich habe mein Ziel, nämlich endlich auszuspannen, nicht nur nicht erreicht, ich habe auch noch einen negativen ersten Eindruck hinterlassen, der durchaus weitreichende Folgen haben kann …

Überlegen Sie daher genau, wann der günstigste Zeitpunkt für Ihren Erstauftritt ist – so Sie die Möglichkeit haben, dies günstig zu beeinflussen.

- Grundsätzlich ist es immer besser, sich vor dem ersten Zusammentreffen einen Termin auszumachen – egal ob beim Lehrer in der Schule, bei einem Geschäftspartner oder einem potentiellen Kunden. Auch bei Freunden ist man ja mit Überraschungsbesuchen vorsichtig – das sollte erst recht für Erstbesuche gelten. Manchmal ist es etwas schwierig, einen Termin zu erhalten. Und zwar speziell dann, wenn wir vom anderen etwas wollen, und dieser (oder seine Sekretärin) „blockt ab“. Viele sind dann versucht, es einfach spontan zu versuchen – unter dem Motto „Ich probiere es einfach!". Aber Vorsicht! In einem solchen Fall werden wir mit Sicherheit kritischer beurteilt – und landen leicht in der „Schublade für lästige Vertreter und andere Zeitdiebe"!

- Geschäftliche Termine am Freitag spät nachmittags sind meist ungünstig. Viele sind dann schon mit ihren Gedanken im Wochenende oder leiden unter dem Berg von Unerledigtem, der noch diese Woche hinaus muß – keine günstige Voraussetzung für ein entspanntes Gespräch.

- Termine gleich nach dem Mittagessen fallen in die Phase des „Nachmittags-Tiefs" – eine häufig anzutreffende Erscheinung. Sie sind vielleicht selbst nicht gerade in Hochform, und der andere würde jetzt liebend gerne ein Mittagsschläfchen halten – mit Mühe unterdrückt er ein Gähnen, und das nützt Ihrem ersten Eindruck sicher nicht!

- Erkundigen Sie sich auch immer konkret, für welchen Zeitraum ein Treffen angesetzt ist, und halten Sie diesen Zeitrahmen auch ein – Leute, die anderen die Zeit stehlen, bekommen kein gutes Image. Sie sammeln hingegen Pluspunkte, wenn Sie gleich am Anfang dieses Thema ansprechen: Bedanken Sie sich, daß sich der andere trotz seines gedrängten Terminkalenders für Sie Zeit nimmt, und klären Sie – gerade in seinem Interesse – ab, wie lange er für das Gespräch Zeit hat.

- Findet ein erstes Zusammentreffen spontan, etwa im Rahmen eines Cocktails statt, sollten Sie den anderen auch nicht zu lange mit Beschlag belegen. Ein kurzer positiver erster Eindruck ist allemal besser als das Etikett der „Partyklette"!

- Eine wesentliche Voraussetzung für einen positiven ersten Eindruck ist die Pünktlichkeit. Pünktliches Erscheinen zum vereinbarten Termin ist nicht altmodisch oder kleinkariert, sondern einfach ein Gebot der Höflichkeit, ein absolutes Muß. Planen Sie daher stets genügend Zeit für Anreise, Parkplatzsuche etc. ein. Lieber noch eine Runde um den Häuserblock gehen und entspannt und erfrischt erscheinen, als abgehetzt und um eine Entschuldigung ringend hereinzuplatzen! Es ist übrigens auch unhöflich, viel zu früh zum Termin zu kommen.

Die eigene Schlagfertigkeit trainieren

Es klingt unwahrscheinlich – aber Schlagfertigkeit kann durchaus trainiert werden!

- Überlegen Sie vor einem Gespräch, was der andere alles sagen könnte, und suchen Sie mögliche Antworten darauf. Notieren Sie diese Möglichkeiten – was Sie nur im Kopf haben, geht leicht wieder verloren.

- Notieren Sie sich mögliche verbale Reaktionen auf eventuelle Mißgeschicke. Was sage ich, wenn mir die Tasche hinunterfällt? Wenn ich über den Türstock stolpere? Wenn ich den Rotwein auf das Kleid meiner Tischnachbarin verschütte? Prägen Sie sich diese Sätze immer wieder ein, nur so fallen sie Ihnen auch im richtigen Moment ein.

- Führen Sie Selbstgespräche: Was Sie auch laut aussprechen, kommt Ihnen später leicht von den Lippen. Es mag Ihnen am Anfang seltsam vorkommen, aber auch Rhetorikprofis bedienen sich dieses Tricks!

- Beobachten Sie sich dabei im Spiegel. Auch das ist am Anfang hart, aber es hilft, die Angst vor dem eigenen Wirken abzubauen. Sie merken dann auch, wie wichtig es ist, eine schlagfertige Antwort mit einem offenen Lächeln auszusprechen – das macht die halbe Wirkung aus.

- Oft ist nicht der Inhalt, sondern die Art und Weise, wie ein Satz gesprochen wird, für den Spontanerfolg verantwortlich. Üben Sie langsam und deutlich zu sprechen, gerade in Streß-Situationen! Die beste Formulierung verliert ihre Wirkung, wenn sie undeutlich gestammelt wird.

- Sprechen Sie auch in einer peinlichen Situation Ihre Gefühle an – das wirkt immer spontan. Sie erwecken Sympathie, der andere kann sich leichter mit Ihnen identifizieren. Fehler zuzugeben macht menschlich!

- Hören Sie aufmerksam hin, wenn Sie bei anderen schlagfertige Antworten hören.

- Beobachten Sie Leute, die „von Berufs wegen“ schlagfertig sind: Politiker, Talkmaster im Fernsehen, Prominente, die oft interviewt werden. Was sind deren Tricks? Oft leiten sie ihre Antworten mit einer speziellen Formulierung ein: „Wissen Sie, ich sehe das so ...“ Oder sie antworten mit einer Gegenfrage – sie spielen so den Ball zurück!
- Versuchen Sie nicht, auf Druck witzig zu sein. Standardwitze wirken abgedroschen und hohl. Vermeiden Sie auch Witze auf Kosten des anderen. Spontaneität sollte nie den anderen beleidigen oder in die Enge treiben! Machen Sie den Witz lieber auf Ihre Kosten – wer über sich selbst lachen kann, sammelt viele Pluspunkte!

Sich die Situation vorstellen – visualisieren

Die beste Vorbereitung auf einen „großen Auftritt“ ist es, sich die fremde und daher oft bedrohliche Situation genau vorzustellen.

Wie wird der Raum aussehen? Was wird es dort alles geben? Wen werde ich als erstes vor mir haben? Wie könnte die Stimmung sein? Was tue ich, wenn ...

Die geistige Vorwegnahme, das möglichst realistische Durchspielen der Situation in Gedanken, nimmt das Bedrohliche, reduziert Unsicherheitsfaktoren.

In der ersten Phase überlegen Sie – wie bereits erwähnt – ein oder mehrere „Worst-Case-Szenarien“. Stellen Sie sich dann vor, wie Sie diese „verzwickte“ Situation zu Ihren Gunsten lösen. Stellen Sie sich genau vor, was Sie tun und sagen, um doch noch einen guten Eindruck zu hinterlassen. Und wie die anderen darauf reagieren. Malen Sie sich aus, was Sie fühlen: zunächst Ihre Angst, Ihre Unsicherheit und schließlich das positive Gefühl, wenn Sie mit neuer Selbstsicherheit den Ort verlassen.

In der zweiten Phase stellen Sie sich einen günstigeren Verlauf der Dinge vor. Auch hier malen Sie sich vor Ihrem geistigen Auge alles bis ins Detail möglichst realistisch aus: Achten Sie dabei auf das Wohlwollen, das Ihnen die anderen entgegenbringen, auf das positive Feedback. Wie kann sich das Gespräch entwickeln?

Je öfter Sie sich so einen positiveren Verlauf vorstellen, desto mehr werden Sie sich auch selbst überzeugen, daß alles gutgehen wird. Sie trainieren so das Vertrauen in sich selbst, Ihre innere Einstellung wird damit günstig beeinflußt. Nur wer sich zutraut, einen guten ersten Eindruck zu hinterlassen, dem wird dieses Vorhaben auch gelingen!

4.2 Tips zur richtigen Vorbereitung eines geschäftlichen Besuches

Wenn Sie einen geschäftlichen Besuch machen, sind Sie es, der in fremdes und ungewohntes Territorium vordringt. Je genauer Sie sich vorher informieren, desto besser werden Sie mit dieser Situation zurechtkommen. Neben den oben erwähnten Punkten gilt es noch folgendes zu beachten:

- Kennen Sie den Weg genau? Erkundigen Sie sich nach Parkmöglichkeiten, und planen Sie genügend Zeit zum Parkplatzsuchen ein.
- Verständigen Sie den anderen, wenn Sie sich verspäten. Vergessen Sie nicht, sich zu entschuldigen. Das ist wichtiger, als umständliche Erklärungsversuche zu unternehmen.
- Kontrollieren Sie lieber zweimal, ob Sie alle notwendigen Unterlagen vorbereitet haben. Sortieren Sie Ihre Arbeitsunterlagen so, daß Sie auch in der Nervosität sofort das Gewünschte finden. Hektisches Kramen in der Aktentasche wirkt wenig souverän!
- Kontrollieren Sie vor dem Eintreten noch einmal Ihr äußeres Erscheinungsbild: Sind Sakko oder Kostümjacke geschlossen, sitzt die Krawatte richtig, sind die Schuhbänder gebunden, ist das Make-up nicht verwischt, und sitzt die Frisur noch richtig?
- Gehen Sie geistig noch einmal Ihre wichtigsten Anliegen und Ziele durch, die Sie mit Ihrem Besuch verfolgen. Konzentrieren Sie sich auf das Wesentliche!
- Grüßen Sie jeden freundlich, auch die Putzfrau! Haben Sie auf einen freundlichen Gruß schon ein freundliches Lächeln „geern-

tet", sind Sie gleich in positiverer Stimmung. Das gilt natürlich besonders für die übrigen Mitarbeiter: Auch wenn Sie mit den Gedanken schon beim obersten Boß sind – die Empfangsdame entscheidet oft darüber, wie schnell Sie dorthin gelangen.

4.3 Tips zur richtigen Vorbereitung einer Besprechung

Bei Besprechungen ist die richtige Vorbereitung nicht nur entscheidend für einen positiven Einstieg, sondern ausschlaggebend für Erfolg oder Mißerfolg. Nichts ist zeitraubender als eine uneffiziente Besprechung, zu der die Teilnehmer unvorbereitet erscheinen.

- Erkundigen Sie sich im vorhinein, wer an der Besprechung teilnimmt. Prägen Sie sich neue Namen und Titel genau ein. Schaffen Sie für sich Eselsbrücken (z. B. rote Krawatte), um sich die einzelnen Namen zu merken.
- Welche Stellung im Unternehmen nehmen die anderen Teilnehmer ein? Was sind ihre Fachgebiete? Über welche Kompetenzen verfügen sie?
- Welche Ziele verfolgt die Besprechung? Was sind Ihre eigenen Ziele? Welche möglichen Ziele haben die anderen? Wo gibt es Zielkonflikte?
- Machen Sie sich mit der Tagungsordnung bzw. mit Besprechungsusancen vertraut. Wollen Sie noch andere Themen ansprechen, setzen Sie diese rechtzeitig auf die Tagesordnung, anstatt andere unvorbereitet damit zu konfrontieren.
- Bereiten Sie Ihre eigenen Argumente sorgfältig vor. Bedenken Sie dabei Gegenargumente und Einwände. Je mehr Sie die Sichtweise der anderen dabei mit einbeziehen, desto besser werden Ihre Argumente ankommen. Besonders auf Ihr Einstiegsargument sollten Sie achten. Behalten Sie Ihr stichhaltigstes Argument für zuletzt!
- Kontrollieren Sie alle Unterlagen und Ihr Outfit!
- Machen Sie noch einige Atem- oder Entspannungsübungen (siehe Lampenfieber).

4.4 Tips zur richtigen Vorbereitung eines Telefongespräches

Auf die besondere Bedeutung des ersten Eindrucks am Telefon werden wir später noch genau eingehen. Hier sei lediglich erwähnt, was Sie vor einem Telefongespräch alles bedenken sollten.

- Überlegen Sie auch hier wieder im vorhinein, welche Ziele Sie mit dem Telefonat verfolgen, und notieren Sie sich Stichworte – auch wenn es sich nur um einen scheinbar „unwichtigen" Anruf handelt.
- Wählen Sie den Zeitpunkt sorgfältig, und zwar aus dem Blickwinkel des anderen!
- Bedenken Sie den Wissensstand des anderen: Über welche Informationen verfügt er bereits, was muß er noch wissen? Was könnte ihn interessieren?
- Legen Sie alles Nötige bereit, denn das Suchen nach Unterlagen hört Ihr Gesprächspartner auch am Telefon. Schreiben Sie wichtige Fakten mit, um nichts zu vergessen.
- Achten Sie auf eine aufrechte, entspannte Haltung. Ihre Stimme kommt so wesentlich besser „hinüber".

4.5 Tips zum Umgang mit Lampenfieber

Je mehr ich mir über einen bevorstehenden Auftritt Gedanken mache, desto sicherer ist auch das Aufkommen einer für diese Situation typischen „Krankheit": des Lampenfiebers! Wer behauptet, dieses Gefühl nicht zu kennen, der schwindelt höchstwahrscheinlich – oder er lebt als Einsiedler, ohne je auf fremde Menschen getroffen zu sein. Es gibt viele Schauspieler, die auch noch vor dem tausendsten Auftritt heftig davon ergriffen werden. Der Puls beginnt zu jagen, sie bekommen kaum noch Luft, das Gesicht färbt sich abwechselnd rot und weiß, die Hände werden feucht, und sie glauben, keinen Ton mehr herauszubekommen. Alle vorgefaßten Sätze sind wie aus dem Gedächtnis gefegt!
Wie soll es da gelingen, einen lockeren, souveränen Eindruck zu hinterlassen?

Betrachten Sie zunächst Lampenfieber als etwas **ganz Natürliches,** wenn ein wichtiger Auftritt bevorsteht. Nur wer seine Ängste zuläßt, sie nicht als Schwäche betrachtet, kann sie auch überwinden! Verdrängen Sie dieses natürliche Gefühl nicht – das gelingt auch meist nur für kurze Zeit. Stehen Sie zu Ihrem Lampenfieber! Sie teilen dieses Gefühl mit vielen prominenten „Kollegen"!
Lampenfieber hat einen sehr positiven Aspekt. Es schafft einen Spannungszustand im Körper, bewirkt eine vermehrte Produktion von Adrenalin, und das wiederum wirkt wie eine Droge: Alle Ihre Sinne sind hellwach, Sie reagieren schneller und sind zu Höchstleistungen fähig. Ein erfolgreicher Redner hat uns einmal anvertraut, daß er genau dann am besten ist und am meisten Beifall bekommt, wenn er vorher besonders unter Lampenfieber leidet. Seither sehen wir unser eigenes Lampenfieber viel gelassener.

Hinterfragen Sie Ihre Angst: Wovor habe ich eigentlich Angst?

- Vor den anderen, Fremden?
- Vor der unbekannten Situation?
- Vor einer möglichen Ablehnung?
- Vor Kritik?
- Vor einer Blamage?
- Vor der Überforderung?
- Vor dem Nichterfüllenkönnen der eigenen Erwartungen?

Besonders der letzte Punkt erscheint uns wichtig:

Wenn Sie an sich zu hohe Anforderungen stellen, setzen Sie sich unnötig unter Druck. „Ich muß es schaffen!" hemmt. Ein besserer Vorsatz lautet: „Ich werde es schaffen – auf meine Weise!"

Wenn jedoch das Lampenfieber trotz positiver Einstellung überhandzunehmen droht, geraten Sie in Gefahr, sich selbst zu blockieren. Daher ist es wichtig, diese „Angstdroge" in erträglichem Rahmen zu halten:

1. Die oben erwähnten Methoden des Visualisierens und der optimalen Vorbereitung helfen, das Lampenfieber zu bekämpfen. Je besser Sie vorbereitet sind, desto sicherer fühlen Sie sich. Je bewußter

Sie die unbekannte Situation im Geiste vorwegnehmen, desto vertrauter wird sie, desto weniger bedrohlich.

2. Haben Sie sich gründlich auf den großen Moment vorbereitet, hält sich das Lampenfieber meist auch in natürlichen Grenzen. Übertriebenes Lampenfieber ist oft ein Ausdruck von schlechtem Gewissen. „Hätte ich doch nur alles noch einmal durchgegangen, dann wäre ich jetzt ruhiger!“

3. Erinnern Sie sich kurz vor einem wichtigen Auftritt oder einer wichtigen Begegnung an einen Anlaß, wo Sie erfolgreich waren. Rufen Sie sich dieses gute Gefühl in allen Details in Erinnerung – das gibt Kraft, es noch einmal genauso gut zu machen!

4. Erwarten Sie nicht, es immer allen recht machen zu können. Es wird immer Menschen geben, die nicht ausschließlich positiv auf Sie und Ihr Anliegen reagieren. Nehmen Sie sich das nicht zu sehr zu Herzen. Niemand ist immer nur ein Sieger. Lernen Sie aus Niederlagen, sehen Sie Kritik als Chance und als Herausforderung, sich zu verbessern!

5. Achten Sie vor wichtigen Anlässen auf ausgewogene, nicht zu schwere Ernährung und ausreichend Schlaf. Streß-Situationen kosten auch körperlich Kraft, und eine gute Kondition verhilft nicht nur Spitzensportlern zu Spitzenleistungen!

6. Gehen Sie sehr vorsichtig mit „Angstkillern“ wie Alkohol, Medikamenten und übermäßigem Nikotingenuß um. Diese Drogen beruhigen zwar kurzfristig, aber sie entziehen dem Körper seine natürlichen Kräfte und verfälschen Ihre natürliche Erscheinung. Nützen Sie lieber die Droge, die Ihnen die Natur für solche Situationen liefert: den Adrenalinstoß des Lampenfiebers!

7. Autogenes Training ist eine äußerst wirksame Methode, sich zu entspannen, sich aufs Wesentliche zu konzentrieren und damit der wichtigen Situation ruhig und souverän zu begegnen. Beim autogenen Training suggerieren Sie selbst Ihrem Körper Entspannung und können auch noch Ihr Selbstwertgefühl positiv beeinflussen. Auch Yoga oder andere Entspannungstechniken helfen, das nötige Maß an Ruhe zu bewahren.

8. Vor einem wichtigen Auftritt oder einem für Sie bedeutenden Gespräch sollten Sie unbedingt noch schnell einige Atemübungen machen. Bleibt Ihnen nämlich vor Aufregung die Luft weg, fällt der rhetorische Einstieg schwer!

9. Atmen Sie durch die Nase, nicht durch den Mund, um einen trockenen Hals zu vermeiden. Achten Sie auf Bauchatmung, da Sie dadurch Ihr Lungenvolumen erhöhen und über einen „längeren Atem" verfügen. Atmen Sie dann ein paarmal tief durch, und achten Sie dabei besonders auf das Ausatmen der verbrauchten Luft. Stehen Sie dabei aufrecht und locker, und achten Sie darauf, daß sich Ihre Bauchdecke spürbar wölbt. Halten Sie die so eingeatmete Luft kurz zurück, bevor Sie sie wieder ganz ausatmen. Beobachten Sie dabei, wie sich Ihr Körper entspannt. Zur Unterstützung können Sie auch noch die Hände auf den Bauch legen und sich vorstellen, Ihr Bauch wäre ein Luftballon, der sich langsam aufbläst und dann wieder die Luft herausläßt.

Die Geschichte von der Konferenz im Märchenwald

Einmal im Jahr fand im Märchenwald eine wichtige Konferenz statt. Alle namhaften Bewohner trafen sich, besprachen die wichtigen Vorkommnisse und begrüßten die neu erfundenen Märchenfiguren, die sich bei dieser Gelegenheit kurz vorstellten. Meist gab es ja nicht viele Neue, weil einfach die meisten Märchenfiguren schon erfunden waren. Aber irgendwer war im abgelaufenen Jahr auf die Idee gekommen, ein Märchen mit einem „Marketingfuchs“ zu erfinden. Und so wurde dieser eingeladen, an der Konferenz teilzunehmen, und alle waren gespannt, wie denn wohl ein Marketingfuchs aussehen würde!
Er selbst war die Ruhe in Person. Schließlich war er ja ein Profi! Wäre doch gelacht, wenn er mit diesen verstaubten alten Figuren nicht mit links fertig werden würde! Vorbereiten? Er doch nicht! Die sollten einmal schauen, was eine echte computerunterstützte Stegreif-Präsentation war! Siegessicher betrat er die Tagungshöhle – um eine halbe Stunde zu spät und mitten hinein in der Begrüßungsrede des großen Zauberers!
Dieser unterbrach ob soviel Respektlosigkeit sofort seine Rede und schleuderte einige Zornesblitze in Richtung Eingang. Ein aufgeregtes Gemurmel erhob sich, und die gute Fee sprang sofort auf, um dem Neuankömmling Platz zu machen. Dieser musterte die Gute nur mit einem mitleidigen Blick und setzte sich in die erste Reihe – auf den Platz des bösen Wolfes, der als zweiter Begrüßungsredner schon auf dem Podest stand. Die gute Fee fiel daraufhin in Ohnmacht, da sie schon wußte, was folgen würde. Der böse Wolf geriet dermaßen in Wut, daß er dem gestiefelten Kater die Stiefel auszog und damit nach dem Neuankömmling warf. Erst als sich der Tumult einigermaßen gelegt hatte, konnte die Konferenz weitergehen.
Der Marketingfuchs hatte keine Ahnung, worum es bei den nächsten Tagesordnungspunkten ging, und fiel so durch unpassende Zwischenfragen erneut auf. „Wieso wollt ihr ein häßliches Entlein und einen Frosch in den Vorstand wählen? Habt ihr niemanden medienwirksameren? Wie machen sich denn die im Jahresbericht?“ Die anderen klärten ihn nachsichtig auf.

Dann kam sein großer Auftritt. Mit seinen perfekt gestalteten Overheadfolien betrat er das Podium. Doch wo war der Overheadprojektor? Ungeduldig fragte er das Rotkäppchen. „Ich bin doch nur für die Verpflegung zuständig, nicht für die Technik!" piepste das Rotkäppchen verlegen. Also begann er seine Präsentation mit den ärgerlichen Worten: „Wie ich sehe, seid ihr hier im Märchenwald alle ziemliche Hinterwäldler! Ich werde euch gleich einmal sagen, wo es in Zukunft langgeht!"
Weiter kam er in seiner Rede nicht. Er konnte seine tolle neue Idee, den Märchenwald in einen Erlebnispark umzuwandeln, nicht mehr erörtern. Aus allen Richtungen wurden ihm vergiftete Äpfel, faule Dracheneier und stechende Spindeln entgegengeschleudert.
Er hatte seinen Erstauftritt gründlich verpatzt! Ihm wurde spontan der Platz des neuen „Oberbösewichtes" zugeteilt, und er verärgerte damit auch noch die böse Stiefmutter, die bisher diesen Platz innegehabt hatte und ihm nun ewige Rache schwor.

5. Freund statt Feind – der positive Einstieg

5.1 Über das richtige Grüßen

Drehen wir zu Beginn dieses Kapitels das Rad der Zeit zurück: Wie verhielten sich zwei Steinzeitmenschen, wenn sie sich begegneten? Hielten sie eine kurze, wohlgesetzte Begrüßungsrede, vollführten sie einen Hofknicks, oder küßten sie einander gar die Hand? Wohl kaum! Oder ließen sie die Begrüßung überhaupt weg? Es ist wenig überliefert über die urzeitlichen Begrüßungsrituale – aber eines ist sicher: Für das Überleben zu jener Zeit war es wichtig, sofort zu erkennen, ob ein Freund oder ein Feind vor einem stand. Daher ist anzunehmen, daß der Neuankömmling dem anderen irgendwie zu verstehen gab, daß er nicht als Angreifer kam. Wahrscheinlich präsentierte er sich mit einer offenen Körperhaltung und streckte die offene und somit verletzliche Hand vor, um zu zeigen: „Ich will dir nichts Böses, ich greife nicht an!“ Daraus entwickelten sich dann langsam die Begrüßungsrituale, die gerade auch bei allen Naturvölkern einen sehr wichtigen Platz einnehmen.
Die richtige Begrüßung ist also ein zentraler Punkt beim Entstehen des ersten Eindrucks. Auch wenn sich im Laufe der Zeit die Form gewandelt hat – der Zweck ist immer noch der gleiche: Wir zeigen dem anderen mit unserem Gruß, daß wir ihm wohlgewogen und in friedlicher Absicht gekommen sind.

Richtiges Grüßen hat hauptsächlich mit den kulturellen Eigenheiten einer Gemeinschaft zu tun und ist regional sehr unterschiedlich. Vielleicht ist es Ihnen auch schon liebenswert aufgefallen, wenn Sie in einem Dorf am Land von den Einheimischen mit „Griaß’ di’“ angesprochen werden. Dieser Gruß drückt sehr viel aus: Auch wenn ich dich nicht kenne, bist du für mich nicht fremd, du bist willkommen, gehörst hierher! – Ein schönes Gefühl!
In einer Großstadt wäre das Grüßen aller Menschen, denen wir begegnen, ziemlich mühsam. Wir würden viele erstaunte Blicke ernten, und so manch einer würde denken, wir wären nicht ganz bei

Sinnen. Es ist paradox: Wir leben in einer Stadt mit vielen Menschen sehr eng zusammen und versuchen gerade deshalb, eher etwas mehr Distanz zwischen uns zu legen. So ist auch die kürzeste Form der ersten Kontaktaufnahme, der kurze Augenkontakt, oft nicht willkommen. Jeder sieht in der U-Bahn, im Bus, in der Warteschlange möglichst am anderen vorbei.
Mit dieser kürzesten Form der Begrüßung ist nicht etwa ein neugieriges Anstarren gemeint; das wird tatsächlich als lästig und aufdringlich empfunden. Aber ein kurzer Blickkontakt, verbunden mit einem freundlichen Gesichtsausdruck, einem kleinen Lächeln, empfindet jeder als angenehm.
Betreten Sie beispielsweise eine Arztpraxis, ist es Ihnen sicher angenehm, wenn Sie die Arzthelferin mit einem kurzen Augenkontakt, mit einem knappen Kopfnicken begrüßt. Sie fühlen sich wahrgenommen.
Wie lang glauben Sie, ist die Zeitspanne, in der wir Menschen unruhig werden, wenn wir das Gefühl haben, wir werden übersehen? Richtig, Studien beweisen, daß diese Zeitspanne sehr kurz ist: etwa bis zu 20 Sekunden.
Es sind oft genau diese Kleinigkeiten, die die Stimmung am Morgen heben, die ein positives Gefühl entstehen lassen, das noch einige Zeit nachwirkt! Wir sind nun einmal soziale Wesen und wollen von unseren „Mitwesen" zumindest wahrgenommen werden.

Tips zum richtigen Grüßen

- Höflich ist eine kurze Begrüßung beim Betreten eines Bahnabteiles, eines Geschäftes, eines Wartezimmers, eines fast leeren Liftes und eines Lokales. Grundsätzlich lieber einmal zu oft als zu selten grüßen!
- Ob man nun „Grüß Gott", „Tach" oder „Grüezi" sagt, hängt von den lokalen Gegebenheiten ab. Aber bitte ziehen Sie nicht speziell über einen regionalen Gruß her, indem Sie ihn betont übertrieben aussprechen. Das bewirkt das Gegenteil von positiver Kontaktaufnahme!
- Jeder Gruß sollte von einem freundlichen Gesichtsausdruck, einem Lächeln begleitet sein. Das ist der wichtigste Bestandteil

des Grußes. Ein Lächeln schlägt die Brücke zum anderen!

- Für das korrekte Grüßen bei offiziellen Anlässen gelten eigene Regeln: Der „Rangniedrigere“ grüßt den „Ranghöheren“ zuerst, das heißt der Mitarbeiter den Chef, der Jüngere den Älteren, der Mann die Frau.

- Die Hände gehören beim Begrüßen aus der Hosentasche!

- Bei Begrüßung mit Handschlag steht im Geschäftsleben sowohl der Mann wie auch die Frau auf. Bei privaten Anlässen kann die Frau sitzen bleiben.

- Jeder Gruß sollte den Namen des anderen beinhalten, sofern man ihn kennt. Das macht den Gruß erst persönlich, unverwechselbar und ist der Pluspunkt beim ersten Eindruck: „Er erinnert sich an meinen Namen, er meint wirklich mich, seine Begrüßung ist nicht nur eine leere Floskel!“

- Ein im Geschäftsleben nach wie vor weitverbreiteter Gruß ruft bei vielen einen absolut negativen Eindruck hervor: „Mahlzeit!“ Egal wann, wie und wo, ab ca. 11 Uhr tönt es einem in den Büroräumlichkeiten mancher Firmen so entgegen. Vielleicht fragen auch Sie sich, was damit gemeint ist – soll ich etwa den Ordner, den ich gerade in der Hand habe, essen? Ist es eine Aufforderung, mit demjenigen essen zu gehen? Und was bedeutet dieser Gruß auf der Toilette? Eine ähnliche Wirkung hat das wenig aussagefähige „Grüß Sie“, das unserer Ansicht nach gerade beim Erstkontakt den Anschein von Überheblichkeit hat.

- Das Händeschütteln ist ein in unserem Kulturkreis übliches Begrüßungsritual. Doch weisen Sie dabei bitte nicht auf Ihr Krafttraining hin, indem Sie dem anderen sekundenlang die Hand durchschütteln, ohne ihm die Chance zu geben, diesem Angriff auf sein Schultergelenk zu entkommen. Andererseits ist ein Händedruck, der diesen Namen nicht verdient, weil man das Gefühl hat, eine weiche Masse in der Hand zu halten, auch nicht der beste Einstieg. Und nie sollte man dem anderen revolverartig die Hand hinstrecken; das wird im Unterbewußtsein als Aggression gewertet.

- Wird man gegrüßt, ist es selbstverständlich, den Gruß auch zu erwidern! Nichts ist unhöflicher, als einen Gruß einfach zu übergehen! Haben Sie den Gruß wirklich überhört und Ihren Fehler bemerkt, ist es immer noch besser, sein Vergehen anzusprechen und sich zu entschuldigen, als die Sache einfach zu übergehen!

- Beim Grüßen von Menschen aus anderen Ländern und Kulturkreisen gelten eigene Gesetze. Ein Japaner wird es als sehr forsch empfinden, wenn ihm eine Europäerin die Hand hinstreckt. Eine Amerikanerin wird einen Handkuß vielleicht „Charming!", aber doch etwas peinlich empfinden. Wenn Sie ausländische Gäste begrüßen oder selbst ins Ausland reisen, informieren Sie sich vorher über spezielle Gepflogenheiten. Sie vermeiden dadurch für Sie unangenehme Situationen!

- Nicht nur privat, auch schon in einigen Berufsbranchen hat sich das „Bussi-Bussi"-Ritual durchgesetzt. Ob zwei oder drei Wangenküßchen ausgetauscht werden, ist wiederum regional verschieden, jedoch beginnt man immer mit der linken Wange und läßt die Hände dabei aus dem Spiel. Ist man sich nicht sicher, ob man den anderen, den man privat gut kennt, bei offiziellen Anlässen mit Küßchen begrüßen soll, sollte man es im Zweifel immer unterlassen. Diese Form des Grußes wird als besondere Vertrautheit gewertet und könnte falsch ausgelegt werden. Der andere wird es verstehen, sofern Sie ihn das nächste Mal im privaten Umfeld wieder wie gewohnt grüßen. Nicht jedem ist das „Bussi-Bussi"-Ritual angenehm. Oft spürt man ein leichtes Zurückweichen des anderen, eine kurze Befangenheit. Das hängt damit zusammen, daß dabei eigentlich jemand in seine „Intimzone" eindringt, der dort gefühlsmäßig nicht hingehört. Respektieren Sie solche Gefühle. Echte Herzlichkeit hat nicht immer etwas mit körperlicher Nähe zu tun. Oft wirkt gerade deshalb das Küßchenritual ziemlich unecht.

- Das wichtigste am Grüßen ist die innere Einstellung. Konzentrieren Sie sich wirklich auf den anderen, sehen Sie ihm in die Augen, meinen Sie es ernst! Er spürt sofort Ihre echten Gefühle, und der erste Eindruck fällt dementsprechend aus. Täuschen Sie die Nähe nicht vor, suchen Sie die echte Nähe zum anderen!

- Welche Kommunikationshandlung sollte vorgehen – die persönliche Begrüßung oder das Abheben eines Telefons? Wir beobachten

zunehmend in unserer Welt des Mobiltelefons (siehe auch Kapitel 8),
daß dadurch die persönliche Kommunikation erheblich verzögert bzw. gestört wird. Wenn beispielsweise gerade beim Zugehen auf Ihren Gesprächspartner Ihr Mobiltelefon läutet, beenden Sie bitte das Gespräch sofort wieder, und sagen Sie einen Rückruf zu. Und das wichtigste: Halten Sie mit Ihrem persönlichen Gesprächspartner Augenkontakt, um den bereits begonnenen Begrüßungsvorgang nicht noch mehr zu unterbrechen. Aus eigener Erfahrung wissen wir, wie unangenehm sich der Wartende fühlt. Letztlich strapazieren Sie seine Nerven und seine Zeit!

Gutes Benehmen und die Einhaltung einiger gesellschaftlicher Grundregeln sind auch heute noch gefragt. Sie zeugen von Respekt dem anderen gegenüber und von einer guten Erziehung. Doch noch wichtiger ist Freundlichkeit. Denn Freundlichkeit unterscheidet sich von reiner Höflichkeit durch den Grad menschlicher Zuneigung!

5.2 Die passende Anrede

Der wichtigste Bestandteil der Anrede ist der **Name.** Eine Begrüßung unter Einschluß des Namens öffnet so manche „verschlossene" Türen. Wenn Ihr Gegenüber ein Namensschild trägt, nützen Sie das aus – egal ob bei einem Kongreß, beim Arzt oder in einem Geschäft. Niemand ist zu unwichtig, um ihn mit Namen zu begrüßen. Machen Sie es sich zur Aufgabe, besonders darauf zu achten und auch im Privatleben jeden mit Namen zu begrüßen.
Doch dazu muß man erst einmal den Namen des anderen kennen. Fragen Sie ruhig danach, und fragen Sie noch einmal, wenn Sie den Namen beim Vorstellen nicht verstanden haben. Aber bitte nicht mit der Formulierung: „Wie war Ihr Name?" Besser klingt die Frage: „Wie ist Ihr Name?" Sind Sie – besonders bei einem ausländischen Namen – nicht sicher, wie man ihn ausspricht, gehen Sie einfach in die Offensive: Sprechen Sie den Namen so aus, wie Sie ihn verstanden haben. Der andere korrigiert Sie sicher – niemand läßt den eigenen Namen falsch im Raum stehen.

Viele Menschen haben Probleme damit, sich Namen zu merken. Versuchen Sie daher, für sich selbst schon beim Vorstellen eine Merkhilfe zu schaffen. Je genauer Sie nämlich den anderen betrachten, desto eher merken Sie sich bestimmte Eigenschaften und damit auch seinen Namen. Nur wer den anderen auch wirklich wahrnimmt, hat ihn im Gedächtnis „gespeichert"!
Ein hilfreiches Instrument im Berufsleben sind die **Visitenkarten** (siehe auch S. 74). Doch auch sie wollen richtig gehandhabt werden. Was nützt mir ein Paket von Visitenkarten, die ich nach einer Tagung aus meiner Jackentasche hole? Lauter interessante Leute, aber ich weiß leider nicht mehr, wer zu welcher Karte gehört! Machen Sie sich daher möglichst bald nach Erhalt einer Visitenkarte ein paar Notizen auf der Rückseite – natürlich unauffällig, nicht vor dem anderen! Das hilft später, Visitenkarte und Person richtig zuzuordnen.
Ein anderes Problem hilft eine Visitenkarte ebenfalls zu lösen: die leidige Frage nach dem richtigen **Titel.** Auch wenn die Bedeutung von Titeln abnimmt – in vielen Berufsbereichen ist es letztendlich doch noch sehr wichtig, den richtigen Titel am richtigen Ort nicht zu vergessen. Das Anrecht, auf einen Titel zu verzichten, hat immer nur der Träger des Titels und nicht der andere!
Akademische Titel sollten stets im Zusammenhang mit dem Namen verwendet werden. Der „Herr Doktor" ohne Namensnennung ist ausschließlich der Arzt. Bei mehreren Titeln, zum Beispiel Professor und Doktor, verwenden Sie lediglich den ersten Titel, also „Herr Professor Klug". Der Titel des Ehemannes wird heute nicht mehr auf die Gattin übertragen. Eine „Frau Dr. Klug" hat selbst promoviert.
Und noch ein Wort zu akademischen Titeln: Wenn Sie der Herr Dr. Freundlich bittet, den Titel wegzulassen, entsprechen Sie diesem Wunsch auch. Herr Freundlich zeigt Ihnen damit sein Vertrauen, sein Interesse an Ihnen und eine gewisse Nähe.
Die Anrede „Fräulein" ist ebenfalls überholt und wird nur mehr auf ausdrücklichen Wunsch verwendet. Die Anrede „Gnädige Frau" klingt überhöflich und läßt den Verdacht aufkommen, der Anwender habe den Namen vergessen.
Vor ein gewisses Problem stellen uns die vermehrten **Doppelnamen.** Kann man einen Namen weglassen, und wenn ja, welchen? Grundsätzlich muß bei offiziellen Anlässen der gesamte Doppelname

gesagt werden. Welcher Teil weggelassen werden kann, muß der Träger bzw. die Trägerin des Doppelnamens selbst bekanntgeben.

5.3 Vorstellen und bekannt machen

Wie bereits ausgeführt, geben die „Spielregeln", nach denen eine Begrüßung abzulaufen hat, Auskunft über bestimmte Grundwerte eines Gesellschaftssystems. Hier werden Hierarchien deutlich, es soll von Anfang an klargestellt werden, wo wer steht. Je demokratischer und somit „gleicher" die Gesellschaft wird, um so weniger starre Vorschriften gibt es.
Die richtige Vorgangsweise beim offiziellen Vorstellen war und ist von großer Bedeutung. Früher wußte man sofort, wo in der Rangordnung der andere stand. Heute geht es mehr darum, sich miteinander „bekannt zu machen". Trotzdem haben die alten Regeln noch nicht ganz ausgedient. So wie bei allen gesellschaftlichen Veränderungen sind die Grenzen zwischen alt und neu fließend.

Ratsam ist es daher, auch die „offiziellen" Regeln zu kennen:

- Grundsätzlich gilt, daß der Rangniedrigere dem Ranghöheren vorgestellt wird, also der Mitarbeiter dem Chef, der Jüngere dem Älteren, der Mann der Frau. Frauen werden also auch hier noch als „ranghöher" eingestuft. Sind zum Beispiel zwei Männer „gleichrangig", wird der Jüngere dem Älteren zuerst vorgestellt.
- Eine Einzelperson wird einer Gruppe zuerst vorgestellt, der Neuankömmling den schon im Raum befindlichen Personen.
- Der akademische Titel wird zusammen mit dem Namen genannt. Bei einer privaten Vorstellung ist es korrekt, den Ehepartner mit „mein Mann" bzw. „meine Frau" vorzustellen. Die „Gattin" und der „Gatte" bleibt dem/der Ehepartner(in) des anderen vorbehalten, und das auch wirklich nur bei sehr offiziellen Anlässen!
- Die Vorstellung unternimmt derjenige, der den „Ranghöheren" kennt – also auch ansprechen kann (der Gastgeber, der Assistent, der Geschäftsfreund, der seinen Mitarbeiter dem anderen Chef vorstellt, etc.).

- Die höflichen Formulierungen zum Vorstellen können folgendermaßen lauten:
  „Darf ich Ihnen Herrn/Frau … vorstellen?“
  „Darf ich vorstellen? Herr/Frau …“
  „Darf ich Sie mit Herrn/Frau … bekannt machen?“
  „Ich möchte Sie mit Herrn/Frau … bekannt machen.“
- Beim Vorstellen selbst wird einfach freundlich gegrüßt. Floskeln wie „Sehr angenehm!“ sind ziemlich überholt und erwecken nur den Eindruck Marke „steif und verstaubt“. Auch mit Formulierungen wie „Ich freue mich, Sie kennenzulernen, ich habe schon viel von Ihnen gehört“ sollte man sparsam umgehen. Sagen Sie nur, was Sie auch meinen – sonst landen Sie unbewußt in der Schublade für „Sprücheklopfer“!

Das klingt alles ziemlich kompliziert. Sollte Ihnen einmal beim Vorstellen ein Fehler unterlaufen, nehmen Sie es nicht so tragisch! Lange Entschuldigungen und Wiedergutmachungsversuche würden die Sache nur verschlimmern. Die reine Form ist nicht das Ausschlaggebende für den ersten Eindruck, den man beim anderen hinterläßt. Viel wichtiger sind auch hier die Freundlichkeit und der Charme, mit denen man dem anderen begegnet!

Die Selbstvorstellung

Bei vielen geschäftlichen Anlässen gibt es kein festgelegtes „Hofzeremoniell“ mehr. Wer etwa auf einem Kongreß auf den Gastgeber wartet, der ihn möglichen anderen Teilnehmern vorstellt, der wird den Ort meist ohne neue Kontakte verlassen. Heutzutage ist es also nicht nur bei privaten Treffen passend, sich selbst vorzustellen. Gerade auch im amerikanischen Raum ist diese Form der Vorstellung durchaus üblich. Trotzdem gibt es dabei ein paar Dinge zu beachten:

- Wenn Sie sich selbst vorstellen, halten Sie sich kurz. Nennen Sie Ihren Namen, und geben Sie dem anderen einen kurzen Anhaltspunkt, der ihm hilft, Sie richtig „einzuordnen“.
- Es ist eine Frage des guten Stils, bei der Selbstvorstellung den eigenen Berufstitel oder akademischen Grad nicht zu nennen.

Wenn Sie Ihrem Gegenüber eine Visitenkarte geben, findet er dort ohnehin die für ihn relevanten Informationen.

- Sie können Ihre Vorstellung ruhig mit etwas Humor vorbringen – Sie liefern so dem anderen einen zusätzlichen „Anker“, der ihm hilft, Sie nicht zu vergessen. Gemeint sind hier nicht langatmige Erklärungen zu Ihrer Person. Schaffen Sie eher eine Verbindung zu dem Anlaß, zu dem die Begegnung stattfindet. Befinden Sie sich zum Beispiel bei einem Vortrag zum Thema „Zeitmanagement“, können Sie sich beim Gespräch in der Pause einem anderen Teilnehmer etwa so vorstellen: „Darf ich mich vorstellen? Mein Name ist Meier – ich bin auch einer dieser hoffnungslosen Fälle, die glauben, irgendwann ihre Zeit in den Griff zu bekommen!“ So ergibt sich anschließend sicher leichter ein Gespräch. Wer sich selbst nicht immer allzu ernst nimmt, ist ein beliebter Gesprächspartner.

Der Umgang mit der Visitenkarte

Einen wesentlichen Beitrag zum ersten Eindruck liefert gerade beim Vorstellen, wie schon kurz erwähnt, die eigene Visitenkarte. Sie enthält wesentlich mehr Informationen über Sie als nur Namen und Adresse. Sie spiegelt wider, wie Sie sich präsentieren. Überlassen Sie daher die optische Gestaltung nicht dem Zufall oder der Hausdruckerei. Überlegen Sie selbst, welchen Eindruck Sie hinterlassen wollen.
Unterscheiden Sie zunächst genau zwischen privater und geschäftlicher Visitenkarte:

1) Bei der **privaten Visitenkarte** wirkt es um so vornehmer, je weniger draufsteht. Wer also besonders witzig sein will und seinen Namen auch in japanischer und arabischer Schrift anführt, erweckt eher einen zweifelhaften Eindruck. Titel können, müssen jedoch nicht auf privaten Karten stehen. Wer die Adresse seiner Ferienwohnung an der Côte d'Azur ebenfalls auf die Karte druckt, ist als Angeber entlarvt. Oder will er wirklich auch dort jederzeit aufgestöbert werden?

Achten Sie auf ein möglichst **klares, einfaches Design.** Weniger ist meist mehr. Rosa Wölkchen und Glitzerbuchstaben eignen sich höchstens für Teenager. Die kreative Ausgestaltung soll auch nicht dazu führen, daß jeder, der die Karte in Händen hält, diese mehrmals stirnrunzelnd dreht, bevor er entnervt aufgibt. Anthrazitfarbene Schrift auf schwarzem Hintergrund oder ein Schriftverlauf an der Kartenkante entlang sind einfach nicht leserfreundlich. Die Schrift sollte auch nicht zu klein oder zu dünn sein, so daß sie auch noch Leute jenseits der Vierzig lesen können. Fünf verschiedene Schriftarten ergeben darüber hinaus ein sehr unruhiges und uneinheitliches Bild. Verwenden Sie maximal zwei Schriften. Für eine Visitenkarte reicht jedoch meist eine **einheitliche Schrift!**

Wo Sie nicht sparen sollten: am Papier. Normalpapier eignet sich einfach nicht für diesen Zweck. Je fester die Papierqualität ist, desto unbeschadeter wird die Visitenkarte den Transport in der Brieftasche des neuen Bekannten überleben. Nicht nur deshalb sind Visitenkarten Marke Eigenbau am PC mit Vorsicht zu genießen. Meist geht nämlich angesichts der ungeahnten Gestaltungsmöglichkeiten der Software das kreative Genie des Erstellers durch: Was hat das Flugzeug oder der Golfball als Hintergrund mit Lieschen Müller zu tun?

2) **Geschäftliche Visitenkarten** müssen notgedrungen etwas mehr Information enthalten. Vielfach ist auch die Form und Gestaltung von der Firma vorgegeben, die alle Visitenkarten zentral anfertigen läßt. Bestandteile sind meist:
   - Vor- und Zuname, gegebenenfalls akademische Titel oder Ehrentitel
   - Position, Funktion
   - Abteilung, Firmenname/Logo
   - Firmenanschrift
   - Telefonnummer/Durchwahl, Faxnummer
   - E-Mail- bzw. Internet-Adresse

Diese Vielzahl an Information steht im Gegensatz zu der Erkenntnis, daß weniger Information mehr ist, da wir uns eine prägnante Aussage einfach besser merken. Achten Sie darauf, daß die Schrift auch hier nicht zu klein ist.

Drängen Sie nicht jedem, mit dem Sie ins Gespräch kommen, gleich

Ihre Visitenkarte auf. Der Austausch sollte erst nach einem Gespräch erfolgen, in dem sich herausgestellt hat, daß ein weiterer Kontakt ins Auge gefaßt wird.

Trotzdem sollten Sie immer Visitenkarten bei sich haben – es erweckt nicht gerade den Eindruck perfekter Organisation, wenn Sie Ihren Namen, Ihre Adresse und Telefonnummer auf eine (benutzte) Papierserviette schreiben müssen, weil Sie Ihre eigene Karte nicht zur Verfügung haben!

5.4 Tips zum gelungenen Gesprächseinstieg

Schon bevor Sie jemanden begrüßen, schon beim ersten Augenkontakt beginnt die Kommunikation, der Austausch der Kommunikationspakete, wie im ersten Kapitel besprochen. Es passiert also schon eine ganze Menge, bevor Sie die ersten Worte an den anderen richten. Trotzdem ist es nicht gleichgültig, was wir in den ersten Augenblicken zueinander sagen. Wir sind nun einmal darauf konditioniert, mit Worten zu kommunizieren. Legen Sie daher auf Ihre ersten „Einstiegsworte" besonderes Augenmerk.
Sind neben der (formvollendeten) Begrüßung nur leere Floskeln der Inhalt des Paketes, kann es passieren, daß der andere das Paket mehr oder weniger ungeöffnet wieder an Sie zurückgibt, das heißt Ihnen mit den gleichen leeren Floskeln antwortet. Von echter Kommunikation kann hier kaum gesprochen werden. Keiner der beiden Gesprächspartner hinterläßt beim anderen einen bleibenden Eindruck.

Wie also können Sie es anstellen, schon mit den ersten Sätzen beim anderen positiv zu wirken?

- Formulieren Sie Ihre ersten Sätze nicht zu umständlich. Gerade bei geschäftlichen Anlässen trifft man immer wieder auf Leute, die glauben, durch besonders komplizierte und mit Fremdwörtern gespickte Sprechweise beeindrucken zu müssen. Nehmen Sie dieses Verhalten nicht zum Vorbild. Unserer Ansicht nach zeigt sich wahre Bildung durch die Fähigkeit, auch komplizierte Sachverhalte einfach und verständlich auszudrücken!

- Fremdwörter und „Fachchinesisch“ haben in den ersten Begrüßungssätzen ebenfalls nichts verloren. Sie wollen sich bekannt machen, sich zunächst „auf der menschlichen Ebene“ begegnen und nicht gleich als engstirniger „Fachexperte“ eingestuft werden.
- *„Ich könnte mir vorstellen, daß ich hier keine geeigneten Unterlagen finde, da ich noch nie an Ihrem Messestand etwas entdeckt habe!“* Ein Begrüßungssatz, der wohl kaum ein nettes Gespräch und eine zukünftige Geschäftsverbindung einleiten wird! Anders sieht die Sache aus, wenn der Satz lautet: „Ich hoffe, daß Sie heuer etwas für mich im Angebot haben!“
  Der Inhalt ist in etwa gleich, und trotzdem liegen Welten zwischen der Wirkung, die beide Sätze auslösen. Stellen Sie sich zusätzlich Haltung und Gesichtsausdruck der beiden Sprecher vor und welchen Eindruck sie damit erwecken. **Der erste Satz einer Begegnung entscheidet in großem Ausmaß über den weiteren Verlauf des Gespräches.** Wenn der Sprecher wie im ersten Fall eigentlich gar kein Interesse an einem Gespräch signalisiert, dann sollte er erst gar kein Gespräch beginnen. Er würde sich und dem anderen Zeit sparen.
  Wenn wir das Gespräch jedoch suchen, sollten wir möglichst offen formulieren und keine Schlußfolgerungen vorwegnehmen.

- Formulieren Sie **positiv** und vor allem **konkret.** Eine häufige Verwendung der Möglichkeitsform und ständige Verneinungen wirken unsicher, ängstlich und pessimistisch. Meist läßt sich der gleiche Inhalt auch in einen positiv und bestimmt formulierten Satz verpacken – siehe obiges Beispiel!

- Wecken Sie gleich zu Beginn das **Interesse des Zuhörers,** indem Sie zum Beispiel eine Gemeinsamkeit oder ein Thema, von dem Sie wissen, daß es für den anderen interessant ist, ansprechen.

- Am besten wecken Sie das Interesse Ihres Gegenübers, wenn es Ihnen gelingt, seinen Standpunkt einzunehmen. **Betonen Sie immer seinen Nutzen,** sehen Sie die Sache aus seinem Blickwinkel. Es ist daher bei der Vorbereitung eines Gesprächs ratsam, sich genau zu überlegen, wen Sie treffen könnten und wie derjenige die Dinge sehen könnte. Wer immer nur von sich spricht, ist kein interessanter Gesprächspartner!
- Ihr Gegenüber ist vielleicht genauso unsicher wie Sie. Nichts hilft

mehr, die Situation aufzulockern, als eine **kleine verbale Anerkennung des anderen.** Diese Streicheleinheiten versetzen ihn in eine positive Stimmung, in der schnell ein guter Kontakt hergestellt ist. Aber bitte übertreiben Sie nicht – das durchschaut der andere sicher, und die gegenteilige Wirkung tritt ein. Ihre Anerkennung muß echt und ehrlich empfunden sein.

Nur wenn Sie ehrliches Interesse am anderen haben, wird es Ihnen auch gelingen, die richtigen Worte zu finden. Wer lediglich vorher Einstudiertes von sich gibt, wirkt hölzern und unecht. Die beste Methode der Vorbereitung ist es daher, sich kurz und intensiv auf den zukünftigen Gesprächspartner zu konzentrieren. Was macht ihn für mich interessant? Was möchte ich von ihm wissen? Und vor allem: **Was macht mich für ihn interessant?**

Ein Fettnapf steht immer bereit ...

Gabriele Schranz

Es gibt Menschen, die lassen in ihrem krampfhaften Bemühen, einen guten Eindruck zu hinterlassen, keine Peinlichkeit aus. Wieder anderen unterstelle ich einfach mangelndes Interesse gegenüber ihren Mitmenschen – oder ganz einfach Gedankenlosigkeit und mangelnde Sensibilität! Eine kleine Sammlung von passenden Beispielen aus eigener Erfahrung will ich Ihnen nicht vorenthalten.

In der Pause eines Symposions zum Thema „Kreative Wege im modernen Verkauf" stand plötzlich ein überaus freundlicher Herr vor mir, streckte mir ruckartig seine Hand mit seiner Visitenkarte entgegen und sagte: „Guten Tag, gestatten Sie, daß ich mich kurz vorstelle, mein Name ist Grossmann, Karl Grossmann, und ich bin erfolgreicher Profi-Sales-Trainer! Ich bin, wie ich meine, hier ziemlich fehl am Platz – das, was man da hört, sind ja alte Hüte! Ich bin sicher, ich könnte auch Ihnen entscheidend weiterhelfen. Sicher wollen doch auch Sie erfolgreicher werden, sonst wären Sie ja nicht hier!" Gleichzeitig zog er mit der anderen Hand ein paar Prospekte seiner Firma aus der Tasche und hielt sie mir ebenfalls unter die Nase. Ob soviel geballter Kreativität beschloß ich spontan, weiterhin „erfolglos" zu bleiben ...*

Bei einer Wohltätigkeitsveranstaltung begrüßte eine sehr nervöse Mitarbeiterin des Organisationskomitees den Ehrengast, einen eitlen Lokalpolitiker, und seine Ehefrau mit den Worten: „Ich freue mich ja so, Sie endlich einmal persönlich kennenlernen zu können. Man hört ja soviel von Ihnen, und ich bewundere Ihre jugendlich-dynamische Art! Sie schaffen es bei Ihren Auftritten immer wieder, alle rund um sich in den Schatten zu stellen! Schade, daß Ihre Gattin nicht mitkommen konnte!"

Es gibt ihn wirklich, den Mr. Charming, den Sieger auf jedem Empfang. Vor kurzem habe ich ihn beobachtet: Er mustert zunächst unauffällig das Namensschild eines möglichen Opfers. Mit dem schönsten Strahlelächeln und weit ausgebreiteten

Armen geht er diesem dann entgegen. Natürlich begrüßt er den anderen mit Namen – er ist ja Profi und sich seines Charmes voll bewußt. Oder doch nicht? Warum muß er sonst, während er sich vorstellt, am anderen vorbei in den Spiegel sehen? Und irgendwie scheint er der Nachhaltigkeit seines Eindrucks nicht recht zu trauen, denn seine Augen begeben sich schon wieder auf die Suche nach einem anderen, vielleicht doch noch wichtigeren Opfer im Saal. Ob er wohl gemerkt hat, daß er soeben jemanden zum zweiten Mal herzlich begrüßt hat?

Im letzten Urlaub lag ich nach einer ausgiebigen Wasserschlacht mit meiner Tochter endlich gemütlich im Liegestuhl am Strand. Ich schloß genüßlich die Augen – da schob sich ein Schatten zwischen die Sonne und mich. Ich beschloß, mich zunächst „totzustellen", doch das laute „Ist hier noch frei?" konnte ich doch nicht überhören. Ich öffnete widerwillig die Augen und brummte ein „Mhm", worauf sich der Eindringling auf dem Liegestuhl nebenan niederließ. Es handelte sich um eine jüngere Frau im schicken Badeanzug, mit überdimensionalem Strohhut und Riesensonnenbrille. „Wissen Sie, ich habe immer so Hemmungen, fremde Menschen anzusprechen. Deswegen trainiere ich das im Urlaub – ist doch eine tolle Idee oder? Ich arbeite in der Druckereibranche, da hat man ja viel mit Kunden zu tun, und deswegen ist es für mich wichtig, meine Schüchternheit in den Griff zu bekommen. Ich bin außerdem geschieden, naja, das trägt auch nicht gerade zu meinem Selbstbewußtsein bei. Meine Tante, übrigens eine erfolgreiche Modeeinkäuferin – hat schon immer zu mir gesagt: ‚Du mußt einfach offen auf andere zugehen, dann bist du beliebt!' Ach, ich habe mich ja noch gar nicht vorgestellt, mein Name ist Helga Herrlich! Da, ich habe zufällig eine Karte bei mir. Es ist zwar meine Geschäftskarte, aber irgendwie ist man ja sowieso immer im Dienst, hahaha!" Wahrscheinlich habe ich den Witz nicht ganz verstanden, und der Tante hätte ich auch gerne heftig widersprochen!

* *Alle Namen wurden natürlich geändert, und alle Ähnlichkeiten sind rein zufällig!*

6. Ein klassisches Drama: Der Einführungsmonolog

Die Begrüßung ist geschafft, Sie haben sich gegenseitig vorgestellt, und das Eis ist gebrochen. Doch wie weiter? Wie bringen Sie das Gespräch auf das für Sie wichtige Thema? Oder wie verhindern Sie, daß die Sache ins Stocken gerät, weil keiner mehr so recht weiter weiß? Wie geht sie, die vielgerühmte Kunst des Small talk?
Was immer man mit dem Begriff Small talk verbindet – es geht dabei um ein Gespräch, also um eine zweiseitige Sache, keinen Monolog! Oft läuft man nämlich Gefahr, gerade aus Unsicherheit besonders viel zu sprechen. Bevor unangenehme Pausen entstehen, spricht man einfach drauflos.

„Verkaufen" Sie sich vom ersten Augenblick an gut, denn zuerst wird der Sprechende selbst beurteilt und danach erst das gesprochene Wort, der Inhalt.

Es ist sicher nicht immer einfach, in solchen Situationen die richtigen Worte zu finden. Die drohende Seuchenepidemie in Afrika ist genauso ein unpassendes Thema wie die bedauerliche Tatsache, daß das Wetter immer schlechter wird. Das eine Thema ist zu ernst, das andere zu oberflächlich. Sollte man vielleicht über das Wetter in Afrika reden?

Spaß beiseite, halten wir uns lieber an ein paar allgemeingültige Regeln, wie Kommunikation erfolgreich und für beide bereichernd verlaufen kann.

6.1 Empfangen statt senden

„Auch Schweigen ist Kommunikation!"

Ein Satz nach Watzlawick, der einem bei Menschen, die reden, scheinbar ohne Luft zu holen, in den Sinn kommt. Wir leben nun einmal in einer Zeit, in der Selbstverwirklichung, das Erreichen der eigenen Ziele und das optimale Ausnutzen all unserer Fähigkeiten im Mittelpunkt stehen. Ein immer härter werdender Konkurrenzkampf zwingt uns dazu. Wir schulen unsere Rhetorik, üben uns im Erkennen der Schwächen der anderen, lernen „Nein"-Sagen und uns zu behaupten. Vielfach verkommt dabei die zwischenmenschliche Kommunikation zu einem Duell wie aus einem drittklassigen Wildwestfilm. Heute geht es oft nur mehr darum, den anderen verbal zu besiegen, argumentativ zu „erschießen". Viele „böse Buben und Mädchen" vergessen dabei, daß der siegreiche Westernheld meist sehr einsam ist. Er hat alle Gegner eliminiert und reitet einsam in den Sonnenuntergang ...

Mitmenschen, die zuhören können, sind immer seltener anzutreffen – und gerade deswegen meist sehr beliebt. Zuzuhören, die eigene Meinung zurückzunehmen, ehrliches Interesse am anderen und seinen Ansichten zu zeigen, das sind unserer Ansicht nach die wahren kommunikativen Stärken. Nur wer selbstsicher mit beiden Beinen fest auf dem Boden steht, kann neben der eigenen Meinung auch noch eine andere gelten lassen.

Unser eingangs dargestelltes Kommunikationsmodell vom Austausch der Pakete geht grundsätzlich davon aus, daß es jeweils einen Sender und einen Empfänger gibt. Im Idealfall sendet der eine ein Paket ab, der Empfänger packt es aus, nimmt den Inhalt zur Kenntnis und sendet seinerseits wieder ein Paket als Antwort zurück. Dieser Prozeß stellt also in unserer Kommunikation einen permanenten Kreislauf dar.
Diese „Spielregeln" vom Senden und Empfangen werden jedoch oft nicht eingehalten. Jeder will nur sein Paket „an den Mann" bringen, ohne auf das Paket zu achten, das zurückkommt. Statt es zu empfangen – zu öffnen und hineinzusehen –, schickt er sofort nach dem ersten Paket gleich ein zweites hinterher. Macht es der andere genauso, entsteht ein wildes „Gefecht". Optimale Kommunikation findet auf diese Weise sicher nicht statt.
Gerade bei der ersten Begegnung mit einem anderen Gesprächspartner ist es wichtig, einen Grundstein für ein großteils funktionierendes Gesprächsklima zu schaffen. Der erste Eindruck bestimmt das zukünftige Gesprächsverhalten. Gewinne ich vom anderen den Ein-

druck, daß er unfähig ist, mir zuzuhören, werde ich erst gar nicht mehr versuchen, ein ernsthaftes Gespräch mit ihm zu führen. Es bleibt beim Austausch von Belanglosigkeiten – eigentlich verschwendete Zeit!
Wer sich häufig darüber beschwert, daß Gespräche auf Empfängen oder ähnlichen Anlässen nur oberflächlich und reine Zeitverschwendung seien, ist oft selbst mit schuld daran. Gute Kontakte entstehen nicht durch oberflächliches Wortgeplänkel. **Die richtige Wellenlänge zum Gesprächspartner entsteht nur dann, wenn ich mich darum bemühe, wenn ich auf den anderen eingehe.**
Achten Sie daher genau auf die Botschaften, die der andere Ihnen zu Gesprächsbeginn sendet. Bemühen Sie sich, folgende Signale zu erkennen:

- Wie ist seine Körpersprache?
- Wie ist seine Stimme?
- Wie ist sein Gefühlszustand?
- Wie präsentiert er sich insgesamt?
- Welche Ziele verfolgt er?
- Welche Worte wählt er?
- Was sagt er tatsächlich?

Nur wenn Sie alle diese Signale bewußt empfangen, können Sie auch das passende Paket zurücksenden. Es kommt dabei nicht so sehr auf die prächtige Verpackung in Form von beeindruckenden Formulierungen oder auf den glänzenden Inhalt (besonders intelligente Bemerkungen) an. Wichtig ist vielmehr, daß das Paket als Antwort wirklich zum anderen paßt. Und das gelingt eben nur, wenn wir auch wirklich auf den anderen eingehen.

6.2 Aktiv zuhören als Einstieg

Geben Sie sich nicht zufrieden mit dem, was Sie zu hören glauben! Hören Sie darauf, was der andere wirklich sagt!

Denn nicht nur das Erscheinungsbild des Gegenübers durchläuft beim ersten Treffen unseren persönlichen Filter, sondern auch seine Worte. Wir interpretieren daher je nach unserer Einschätzung des anderen das tatsächlich Gesagte. Wir stecken also auch seine Worte in eine Schublade:

„Das ist schon wieder so ein Langweiler, egal was er gerade sagt, das ist sicher nichts Neues!"

„Diese Frau sieht so umwerfend intelligent aus, was sie da sagt, das ist mir sicher zu hoch!"

„Ein Parteifunktionär! Diese Typen sind aalglatt, die reden und reden, ohne wirklich etwas zu sagen!"

„Ein typischer Psychologe – redet wirklichkeitsfremd daher und glaubt, mich sofort durchschaut zu haben. Vorsicht!"

„Diesen Oberlehrertyp habe ich schon als Kind gehaßt! Schnell ein paar freundliche Worte, und dann nichts wie weg!"

Solche oder ähnliche Gedanken beim ersten Zusammentreffen kennt jeder. Wer behauptet, immer unvoreingenommen an andere heranzugehen, meint es nicht ehrlich. Genau diese Gedanken sind aber die Hindernisse zu einem entspannten Gespräch. Viele interessante Möglichkeiten zum Informationsaustausch gehen verloren, weil wir dem anderen erst gar keine Chance dazu geben.

Wer nicht wirklich zuhört, was der andere sagt, erkennt nicht, was der andere meint!

Wir haben in unseren Seminaren schon oft erlebt, daß bei einem Gespräch von drei oder mehreren Teilnehmern jeder meint, etwas anderes gehört zu haben als die anderen. Was ist nun wahr?

Für jeden ist das wahr, was er gehört hat.

Wahrheit ist also sehr subjektiv! Das ist eine Tatsache, an der wir nicht vorbeikönnen. Wir müssen daher, wenn wir selbst eine Botschaft an den anderen weitergeben, immer damit rechnen, daß dieser sie anders „wahr"nimmt. Trotzdem sollten wir uns mit dieser Tatsache nicht einfach abfinden, sondern versuchen, der Wahrheit des anderen auf die Spur zu kommen!

Wer nicht erkennt, was der andere meint, kann nicht richtig antworten!

Will ich in einer Diskussion die richtigen Argumente finden, will ich den anderen überzeugen, ist es daher in meinem Interesse, zunächst richtig zuzuhören. Nur so kann ich auf seine Fragen und Probleme eingehen. Ein Argument überzeugt nicht einfach dadurch, daß es für sich genommen so schlagkräftig ist, sondern weil es den Kern dessen trifft, was der andere wirklich gemeint hat.

Mit einem guten Argument holen Sie den anderen dort ab, wo er gerade steht!

Das Problem des richtigen Zuhörens liegt jedoch nicht immer nur in der eigenen Wahrnehmung. Das Problem liegt vielmehr sehr oft darin, daß nicht jeder immer das sagt, was er denkt. Wie soll ich hören, was der andere wirklich meint, wenn er nur belanglose Floskeln von sich gibt? Oder wenn er seine Meinung gar nicht ausdrücken kann? Oder vielleicht gar nicht wirklich weiß, was er meint? Hier wird deutlich, wie kompliziert unsere Kommunikation abläuft. Je komplexer unsere Gesellschaft geworden ist, um so mehr haben wir verlernt, unsere Gefühle und Gedanken klar auszudrücken. Unser Mißtrauen gegenüber anderen und vor allem die Befürchtung, mißverstanden zu werden, verleiten uns zu den eigenartigsten Äußerungen. Wir verhalten uns taktisch. Oder wir verhalten uns „regelkonform". Oft sprechen wir bei „oberflächlichen" Anlässen nicht über unsere wahren Gefühle. Dabei vergessen wir, daß „wahre Gefühle" nicht immer etwas Hochdramatisches, Persönliches sein müssen. Wir könnten ja ruhig auch ehrlich über das Wetter sprechen. Und nicht einfach nur nachsprechen, was gut klingt. Durchforsten Sie einmal Ihren „Anlaß-Wortschatz" auf Redewendungen, die Sie so beeindruckt haben, daß Sie diese einfach von anderen übernommen haben. Empfinden Sie das wirklich? Findet die Dame im roten Kleid die neue Ausstellung aktionistischer Kunst wirklich so „inspirierend"? Oft ist es besonders bei geselligen Anlässen ein Vergnügen, solche „Phrasen" zu hinterfragen. Wir wünschen Ihnen viel Spaß dabei!

Richtig Zuhören heißt, auch „zwischen den Zeilen" zu lesen. Nicht nur der eigene persönliche Filter muß dabei umgangen werden, sondern auch der des anderen. Wir kommen dieser Wahrheit aber nicht durch Eigeninterpretation des Gesagten auf die Spur, sondern allein durch Aktives Zuhören!

Was ist mit **Aktivem Zuhören** gemeint? Psychologen haben sich intensiv mit diesem Begriff auseinandergesetzt, und es gibt genügend interessante Literatur darüber. Gerade auch in der Erziehung von Kindern und Jugendlichen nimmt dieser Begriff eine zentrale Stelle ein. Im folgenden finden Sie ein 10-Stufen-Programm, wie Sie diesen Begriff für Ihr persönliches Kommunikationsverhalten nützen können.

Das 10-Stufen-Programm zum Aktiven Zuhören

1. **Konzentrieren Sie sich voll auf das Gespräch.** Lassen Sie sich nicht durch die Umgebung ablenken. Wer gleichzeitig versucht, alle anderen Menschen im Raum zu begutachten, kann nicht richtig zuhören. Vor allem merkt der andere die mangelnde Aufmerksamkeit, deutet sie als Desinteresse und rückt mit seiner wahren Meinung erst gar nicht heraus. Ein bemerkbares Zeichen Ihrer Zuwendung ist der Blickkontakt.

2. Setzen Sie **die Brille des Gesprächspartners** auf, versuchen Sie, die Dinge mit seinen Augen zu sehen. Nur wer sich in den anderen hineinversetzt, kann ihn auch verstehen. Dieses Verhalten verlangt einiges Training. Üben Sie es – egal ob in der Familie, im Freundeskreis oder am Arbeitsplatz. Fragen Sie sich einfach auch ohne besonderen Anlaß, wie der andere wohl gerade empfindet. Je öfter Sie dieses Hineinschlüpfen in die Rolle des anderen üben, desto besser und vor allem selbstverständlicher wird es Ihnen gelingen.

3. Ist Ihnen etwas unklar, **fragen Sie sofort nach.** Ihr Gesprächspartner merkt so, daß Ihr Interesse echt ist und Sie wirklich zuhören. Wenn sich einmal eine falsche Schlußfolgerung in Ihrem Kopf festgesetzt hat, ist es schwer, wieder davon loszukommen. Mißverständnisse entstehen gerade durch Kleinigkeiten. Auch scheinbar unwichtige Details werden im Zusammenhang wichtig. Richtiges Verständnis entsteht auch durch kleine Schritte. Ich kann nicht darauf hoffen, daß mir bei der Verabschiedung plötzlich alles klar wird. Ist der Gesprächspartner erst einmal weg, ist es mühsam, Probleme zu klären.

4. **Signalisieren Sie Ihre Empfangsbereitschaft auch durch Ihre Körpersprache.** Kleine Gesten, wie etwa ein zustimmendes Kopfnicken, zeigen, daß Sie zuhören. Sie ermuntern den anderen, weiterzureden. Denn Aktives Zuhören bedeutet nicht, den anderen teilnahmslos reden zu lassen, sondern ihn durch aktives Verhalten zum Sprechen zu ermuntern. Das gelingt um so besser, je besser Sie die gleiche Wellenlänge finden. Beobachten Sie einmal zwei Menschen, die miteinander reden. Woran erkennen Sie, daß sie in ein intensives Gespräch verwickelt sind? Sie werden feststellen, daß beide oft eine sehr ähnliche Körperhaltung einnehmen. Legt der eine den Kopf leicht zur Seite, tut dies der andere unbewußt auch. Verschränkt einer die Arme, tut dies der andere auch. Das gleiche Verhalten praktiziert aber auch ein Arzt, der, wenn er mit einem Kind spricht, in die Knie geht, um die gleiche Sprechhöhe, die gleiche Wellenlänge zu haben. Dieses Verhalten wird in der Fachsprache „spiegeln" genannt – spiegeln der Körpersprache, aber auch der Art zu sprechen. Der Tonfall, die Sprechgeschwindigkeit und die Sprechweise werden dem anderen meist angepaßt. Wobei das jedoch nicht übertrieben werden sollte. Oft können wir beobachten, wie jemand mit einem alten Menschen besonders laut und langsam spricht, unabhängig davon, ob dieser auch wirklich schwerhörig ist. Oder jemand versucht, den Dialekt des anderen nachzuahmen. Dieses Verhalten bezeichnen wir als unsensibel, da es beim anderen den Eindruck erweckt, sich über ihn lustig machen zu wollen. Spiegeln heißt also nicht nachäffen, sondern mit Feingefühl die richtige Wellenlänge herzustellen. Spricht der andere zum Beispiel im Dialekt, sollte man selbst eben auch etwas „umgangssprachlicher" reden, allerdings im eigenen Dialekt!

5. Sie können **schwer Verständliches noch einmal in eigenen Worten wiederholen,** um sicherzugehen, den anderen auch wirklich richtig verstanden zu haben. Etwa mit den Worten: „Sie meinen also, daß ..." So animieren Sie ihn, seine Ansicht noch einmal darzulegen. Er wird kaum die gleichen Worte wählen, und Sie bekommen damit weitere Hinweise, um ihn besser zu verstehen. Hat jemand zum Beispiel seine erste Aussage nicht ganz so ernst gemeint, schwächt er den Inhalt meist bei der Wiederholung

etwas ab. Ist er jedoch felsenfest davon überzeugt, wird er es beim zweiten Mal weiter bestätigen. Auf jeden Fall fühlt er sich ernst genommen, da Sie mit Ihrem Feedback dokumentieren, daß Sie genau zuhören und vor allem auch mitdenken.

6. Stellt Ihnen Ihr Gesprächspartner eine Frage, **lassen Sie ihn aussprechen.** Nur wer sich eine Frage auch bis zum Schluß anhört, kann sie wirklich beantworten. Viele Gespräche verlaufen unproduktiv, weil das Ende einer Frage nicht abgewartet wird. Wir antworten meist auf das, was wir glauben, daß der andere fragen wollte. Das stimmt nicht immer mit dem überein, was der andere wirklich hören will. Außerdem gewinnen Sie Zeit, wenn Sie warten, bis der andere ausgesprochen hat. Sie können sich in Ruhe überlegen, was Sie antworten. Und vergessen Sie dabei nicht, die Brille des anderen aufzusetzen!

7. Bei manchen Begegnungen fällt es vom ersten Augenblick an schwer, **die eigenen Emotionen zurückzuhalten.** Wenn mir ein Thema sehr am Herzen liegt, fällt es mir schwer, nicht sofort dazu Stellung zu nehmen. Es ist dann eine echte Geduldsprobe, vorerst den vielleicht auch noch umständlichen Ausführungen eines anderen zu lauschen. Starke eigene Emotionen blockieren die Aufnahme. Ähnliches passiert auch, wenn man sich in einem psychischen Ausnahmezustand, zum Beispiel beim Arzt oder kurz vor einer wichtigen Prüfung, befindet. Man reagiert dann oft gar nicht auf das, was ein anderer sagt. Auch hier blockieren die Emotionen die Aufnahme. Je besser es Ihnen also gelingt, sachlich zu bleiben, desto besser können Sie zuhören. Und je mehr Sie sich auf den anderen und das, was er sagt, konzentrieren, desto ruhiger werden Sie. Zwei Fliegen mit einem Schlag …

8. **Unterbrechen Sie den Gesprächspartner möglichst nicht,** und schon gar nicht zu Beginn eines Gespräches! Wir haben in unseren Seminaren schon oft beobachtet, daß gerade in der ersten Gesprächsphase einer den anderen unterbricht – aus lauter Nervosität, aus Angst, bei der Begrüßung vielleicht etwas vergessen zu haben. Eine formvollendete Begrüßung und Vorstellung sind für eine gute Gesprächsbasis aber lange nicht so wichtig wie das Gefühl des Partners, einen guten Zuhörer vor sich zu haben. Müs-

sen Sie im späteren Verlauf des Gespräches doch einmal den anderen unterbrechen, dann tun Sie das bitte immer, indem Sie ihn mit seinem Namen ansprechen.

9. **Vermeiden Sie Verlegenheitsmonologe!** Je mehr Sie reden, desto mehr verstummt der andere. Sie haben die Chance, ihn näher kennenzulernen, zunächst verspielt. Ihr Gesprächspartner hat während Ihres Monologes vielleicht schon längst geistig „abgeschaltet", Sie strapazieren Ihre Rednerkünste ganz umsonst.
10. **Achten** Sie von Anfang an auf ein Feedback des anderen. Es gibt Ihnen Auskunft darüber, wie Ihre Argumente ankommen. Feedback kann in vielen Formen erfolgen: ein zustimmendes Nicken, ein angedeutetes Lächeln, ein gedehntes „Ahaa" oder ein kurzes Abschweifen des Blickes meines Gesprächspartners liefern die Anhaltspunkte. Aktiv zuhören bedeutet, auch diese kleinen Zeichen der Zustimmung oder Ablehnung wahrzunehmen. Sind Sie dankbar für Feedback, auch wenn es sich in offener Kritik äußert. Sie wissen, woran Sie sind. Besser, Sie können sofort auf Kritik eingehen, als der andere zeigt Ihnen mit keiner Regung seine wahre Einstellung zu Ihnen und läßt seinem Unmut erst im nachhinein, hinter Ihrem Rücken, freien Lauf.

Und noch ein Wort zum Aktiven Zuhören: Es ist wesentlich einfacher, als es erscheinen mag. Wer sich bewußt auf den anderen einstellt und durch seine positive Grundhaltung ein angenehmes Gesprächsklima schafft, ist vom ersten Moment an ein beliebter Gesprächspartner!

6.3 Was Sie gleich am Anfang in Frage stellen sollten

Kinder besitzen meist einen sehr direkten kommunikativen Zugang zu anderen Menschen. Sie überlegen nicht lange, welche Folgen ihre Äußerungen haben könnten, sie sagen spontan, was sie denken. Besonders häufig stellen sie Fragen. Sie sind an ihrer Umwelt interessiert und wissensdurstig. Phasenweise „löchern" sie die Erwachsenen geradezu mit ihren Fragen: „Wieso machst du das?" „Warum ist das so?" Sie geben sich dann auch noch oft mit den Antworten nicht zufrieden und fragen weiter.

Diese Kinder werden irgendwann erwachsen und verändern ihr Kommunikationsverhalten grundlegend. Die logische Regel aus Kindertagen:

„Wenn ich etwas wissen will, frage ich einfach!"

wird ersetzt durch die unlogische Erwachsenenregel:

„Wenn ich frage, sieht es so aus, als wüßte ich etwas nicht!"

Wir Erwachsenen haben einfach verlernt, spontan zu reagieren. Mit komplizierten Gedankengängen hinterfragen wir unsere Verhaltensweisen. Und kommen dabei oft zu absurden Schlußfolgerungen. So haben wir Angst, uns bloßzustellen, wenn wir eine Frage stellen. Wir meinen, selbstsicheres Auftreten sei gekennzeichnet durch Demonstration des eigenen Wissens. Nur wer Behauptungen aufstellt, wer zeigt, daß er über alles schon lange im Bilde ist, wirkt überlegen – lautet die irrige Annahme.

Ein altes chinesisches Sprichwort sagt:

„Wer fragt, ist ein Narr für fünf Minuten. Wer nicht fragt, bleibt ein Narr für immer!"

Gerade aufgrund unserer mehrjährigen Schulungserfahrung behaupten wir: Er ist es nicht einmal für fünf Minuten! Wer den Mut hat, zu fragen, beweist Souveränität: Er bleibt nicht bei seiner (eingeschränkten) Sichtweise, er wagt den Blick über seinen Horizont.
Fragen sind somit eines der wichtigsten Instrumente menschlicher Kommunikation. Sie dienen nämlich nicht nur der reinen Wissensvermehrung, sondern es gibt noch viele andere Einsatzmöglichkeiten:

- Fragen sind Instrumente des „Aktiven Zuhörens"
- Fragen bringen ein Gespräch in Gang
- Fragen lockern eine angespannte Atmosphäre auf
- Fragen stellen den Gesprächspartner in den Mittelpunkt
- Fragen motivieren den anderen, weiterzusprechen
- Fragen zwingen den anderen zur Stellungnahme
- Fragen können Kritik entschärfen
- Fragen lenken das Gespräch in die gewünschte Richtung

Vor allem der letzte Punkt ist der entscheidende: Mit den richtigen Fragen können Sie ein Gespräch in die von Ihnen gewünschten Bahnen lenken. Das „Raffinierte“ dabei ist, daß es der andere nicht als unangenehm empfindet. Mit Ihren Fragen stellen Sie ihn in den Mittelpunkt, fragen ihn nach seiner Meinung und vermitteln ihm so das Gefühl, selbst die Steuerung des Gespräches innezuhaben.
Es gibt viele verschiedene Arten von Fragen. Kommunikationsprofis können durch den richtigen und gezielten Einsatz von Fragen ein Gespräch führen. Es ist also wichtig, gleich zu Beginn eines Gespräches zu fragen – aber richtig! Der Grundsatz, es gäbe keine dummen Fragen, nur dumme Antworten, ist somit widerlegt. Es gibt sehr wohl „dumme“, weil unpassende Fragen!
Wir haben für Sie einen kleinen „Fragenkompaß“ zusammengestellt, in dem die wichtigsten Fragen und deren Einsatz im Berufsleben aufgelistet sind.

Der Fragenkompaß

1. Die offene Frage

Eine offene Frage wird so formuliert, daß die korrekte Antwort nur mit einem ganzen Satz erfolgen kann. Sie beginnt meist mit einem Fragewort. Man bezeichnet sie deswegen als offene Frage, weil sie eine Vielzahl von Antworten offenläßt. Das Thema ist weit gefaßt. Antwortet der Gesprächspartner trotzdem nur kurz angebunden, stellen Sie am besten noch eine offene Frage, notfalls noch eine dritte. In der Kommunikationsfachsprache wird das eine „Fragekette“ genannt. Mehrere offene Fragen hintereinander zwingen den Partner geradezu, sich verbal zu öffnen. Tut er dies nicht, hat er vielleicht einfach wirklich keine Lust, mit Ihnen zu reden. Dann sollten Sie ihn auch in Ruhe lassen. (Erinnern Sie sich noch an das Beispiel vom Liegestuhl am Strand?)

Beispiele: „Wie gefällt Ihnen die Veranstaltung?“
„Was meinen Sie zu diesem Thema?“
„Was sind die Hauptziele Ihrer Marketingoffensive?“

2. Die geschlossene Frage

Im Gegensatz zur offenen Frage läßt die geschlossene Frage nur einen engen Spielraum für die Antwort. Sie wird so formuliert, daß als Antwort nur ein „Ja“ oder „Nein“ paßt. Sie liefert also nur eine knappe Information und ist daher nicht unbedingt geeignet, ein Gespräch in Gang zu setzen. Sie sollten Sie daher am Anfang eines Gespräches nur dann einsetzen, wenn Sie an einem ausführlichen Gedankenaustausch nicht interessiert sind. Geschlossene Fragen gelten als „Gesprächskiller“. Sie sind dort angebracht, wo Sie einen „Vielredner“ einbremsen wollen, seinen Redefluß zum Beispiel aus Zeitgründen stoppen müssen. Aber setzen Sie als Einleitung zu einem interessanten Gespräch bitte keine geschlossenen Fragen ein!

Beispiele: „Waren Sie schon einmal hier?“
„Kennen Sie Frau Dr. Weber?“
„Haben Sie einen Parkplatz vor dem Haus bekommen?“

3. Die Alternativfrage

Die Alternativfrage gibt dem Befragten zwei oder auch mehrere Möglichkeiten zur Antwort. Sie zwingt ihn, sich zwischen den vom Fragesteller angebotenen Alternativen zu entscheiden. Diese Frage ist ein geeignetes Lenkungsinstrument, um ein Gespräch in eine gewünschte Richtung zu bringen. Der Gesprächspartner wird vor die Wahl gestellt, er kann entscheiden, jedoch wird der Ausgang des Gespräches durch die Alternativen vorherbestimmt. Da der andere aufgefordert wird, Stellung zu nehmen, ist diese Frageform auch dazu geeignet, ein Gespräch zu beleben.

Beispiele: „Finden Sie Produkt A oder Produkt C interessanter?“
„Gehen Sie lieber unter der Woche am Abend oder am Wochenende Tennis spielen?“
„Sind Sie aus beruflichem oder aus privatem Interesse hier bei diesem Vortrag?“

4. Die Suggestivfrage

Mit dieser Frage lenken Sie ein Gespräch noch bewußter in eine gewünschte Richtung. Sie nehmen in der Formulierung der Frage schon die Antwort vorweg. Sie erwarten Zustimmung vom anderen.

Gesprächsprofis verwenden diese Frage immer dann, wenn sie aufkeimenden Widerstand spüren. Sie wollen auf diese Weise wieder die Gemeinsamkeiten betonen, ein positives Klima schaffen. Auch wenn der gemeinsame Nenner noch so klein ist, jedes „Ja" vom Gesprächspartner bedeutet eine positive Beeinflussung der Kommunikation. Setzen Sie auch diese Frageform zu Beginn eines Gespräches sehr sparsam ein, um dem anderen nicht das Gefühl des „Überrolltwerdens" bzw. der Manipulation zu geben.

Beispiele: „Finden Sie nicht auch, daß das Buffet recht einfach ist?"
„Sehen Sie das Problem auch eher bei den Exporten?"
„Wollen Sie sich nicht auch für eine neue Vorgangsweise einsetzen?"

5. Die rhetorische Frage

Diese Frage ist eigentlich keine echte Frage, da der Fragesteller gar keine Antwort vom anderen erwartet, er gibt sich die Antwort selbst. Diese Form wird oft in Reden verwendet. Rhetorische Fragen lockern die Sprechstruktur einer Rede auf und erwecken damit die Aufmerksamkeit der Zuhörer. Sie können die Spannung, den dramaturgischen Aufbau einer Erzählung steigern. Werden sie allerdings in einem normalen Zweiergespräch verwendet, wirken sie meist besserwisserisch. Nur wenn Sie zum Beispiel längere Episoden oder kompliziertere Zusammenhänge erklären, sind rhetorische Fragen zur Auflockerung erlaubt.

Ein Tip aus der Praxis:
Sehen Sie Ihre Gesprächspartner beim Stellen einer rhetorischen Frage nicht direkt an. Sie könnten nämlich damit Gefahr laufen, eine Antwort und damit eine Unterbrechung Ihres Redeflusses zu provozieren. Schließen Sie eine kurze Gedankenpause an, um die Wirkung Ihrer rhetorischen Frage zu steigern.

Beispiele: „Und was meinen Sie, hat meine Frau darauf gesagt?"
„Was entnehmen wir dieser Tatsache?"
„Liebe Mitarbeiter, wie müssen wir künftig mit diesem Ergebnis umgehen?"

6.4 „How to talk small“

„Wissen Sie, ich hasse Small talk – er ist belanglos und oberflächlich! Als ich meine jetzige Ex-Frau kennenlernte, hat sie sich doch tatsächlich eine halbe Stunde mit mir nur über die Qualität der Papierservietten unterhalten! Da hätte ich gleich ahnen sollen, daß das mit uns schiefgeht! Frauen, die über Papierservietten reden, verstehen nun einmal nichts von den wesentlichen Dingen dieser Welt. Mein Freund Peter meint, auch Frauen, die nicht über Papierservietten reden, verstünden nichts von den wesentlichen Dingen auf dieser Welt, ha, ha, ha!“

Würde soviel Witz und Originalität Sie nicht auch zu einem Gespräch verleiten?
Abgesehen von seinen Problemen mit Frauen und Papierservietten – teilen Sie die Meinung dieses Herrn?

Ist Small talk wirklich belanglos und oberflächlich?

Vielleicht hätte eine Frau ja das Interesse jenes „tiefsinnigen“ Menschen mit folgender Gesprächseröffnung erweckt:

„Ich finde, daß die atomare Bedrohung in Verbindung mit der fortschreitenden globalen Rohstoffverknappung eine zentrale Gefährdung unserer Gesellschaft darstellt, wobei ich davon ausgehe, daß sich dieses Problem aufgrund der sich laufend reduzierenden Ethikorientierung der Verursacher noch verschärfen wird, meinen Sie nicht?“

Beide Einleitungen sind wohl ziemlich unpassend: Würde Ihr erster Eindruck in beiden Fällen positiv ausfallen?

Gerade bei der ersten Kontaktaufnahme passen tiefsinnige Bemerkungen zur Weltlage oder allzu Persönliches nicht ins Bild. Sinn dieses Erstgespräches ist es einfach, das Interesse des anderen zu wecken, Gemeinsamkeiten herauszufinden und die Basis für eine zukünftige Gesprächskultur zu schaffen. Small talk ist somit sicher nicht belanglos und unnütz – er hilft, einen ersten Eindruck so zu gestalten, daß die Neugier des anderen geweckt ist und er mir Sympathie und positive Gefühle entgegenbringt.

Viele halten Small talk nur deswegen für oberflächlich, weil ihnen im entscheidenden Moment einfach nie das Richtige einfällt und sie daher nur einfallslose Bemerkungen, etwa über das Wetter, parat haben. Dabei müssen Sie nicht unbedingt der geborene Alleinunterhalter sein, um eine geeignete Bemerkung zu finden, mit der Sie ein Gespräch beginnen. Wenn Sie einige Grundregeln beachten, wird es Ihnen leicht gelingen, den anderen in ein nettes Gespräch zu verwickeln.

- Vertrauen Sie auf Ihre Phantasie!

  Jeder von uns hat genügend Phantasie, um eine geeignete Einleitung zu finden. Nur stehen sich die meisten dabei selbst im Weg. Sie hinterfragen kritisch jeden Einfall und verwerfen ihn, weil sie glauben, den anderen damit zu langweilen. Lassen Sie einfach Ihren Gedanken freien Raum, bevor Sie auf jemanden zugehen. Small talk funktioniert nur in entspannter Atmosphäre.

- Zeigen Sie Interesse!

  Langweilig sind nur jene Menschen, die sich für nichts interessieren. Wenn aber jemand echtes Interesse an einer Sache oder an einem Menschen hat, strahlt er das auch aus. Nichts ist mitreißender als echtes Interesse! Zeigen Sie aber vor allem Interesse an Ihrem Gesprächspartner, stellen Sie entsprechende Fragen!

- Bereiten Sie sich vor!

  Nehmen Sie sich die Zeit, täglich eine Zeitung zu lesen, oder hören Sie bewußt die Nachrichten. Damit bleiben Sie auf dem laufenden. Informieren Sie sich vor dem Treffen über mögliche Gesprächsthemen. Kommen Sie unvorbereitet in eine Situation, in der Small talk gefordert ist, sehen Sie sich kurz im Raum um, beobachten Sie, was gerade rundum passiert. Das liefert meist genügend Gesprächsstoff!

- Formulieren Sie positiv!

  Eine weitverbreitete Erscheinung beim Small talk ist das gegenseitige Beschweren über das Wetter, die Parkplatzsituation, das Essen oder ähnliches. Wer nörgelt, wirkt negativ! Es fällt ja auch schwer, übers ganze Gesicht zu strahlen, wenn man über „dieses miserable

Wetter“ schimpft. Auch wenn Ihnen nicht immer ein witziger Satz einfällt, formulieren Sie positiv, und zeigen Sie Ihr schönstes Lächeln – der Rest ergibt sich dann meist von selbst.

- Machen Sie aus dem Gespräch kein Verhör!

  Wir haben bereits die Wichtigkeit von Fragen im Gespräch behandelt. Doch sollten Sie es gerade beim Small talk nicht übertreiben – stellen Sie dem anderen ausschließlich Fragen, fühlt er sich verhört, ausgehorcht. Treffen Sie dazwischen auch einmal eine Feststellung zu Ihrer eigenen Person, möglichst in humorvoller Weise. Sich selbst heiter zu sehen wirkt stets auflockernd auf ein Gespräch!

- Wählen Sie das richtige Thema!

  Es ist immer unverfänglich, sich über eines der folgenden Themen unterhalten: Hobbys, Sport, Beruf, Reisen, Kultur, aktuelle Themen oder der Anlaß, zu dem das Treffen stattfindet. Ungeeignet sind hingegen Themen wie Politik, Religion, Rassenfragen, Krankheiten, Betriebsgeheimnisse, persönliche Probleme etc.

- Halten Sie sich kurz!

  Niemand möchte einen Fachmonolog hören. Auch wenn Sie noch so viel zum Thema zu sagen haben, weniger ist hier immer mehr! Es geht beim Small talk nicht darum, ein Thema umfassend abzuhandeln, sondern sich lediglich gegenseitig Denkanstöße zu liefern.

- Bemühen Sie sich nicht krampfhaft um Humor!

  Humor ist eine wunderbare Sache, läßt sich aber leider nicht erzwingen. Wo man bewußt versucht, besonders witzig zu sein, ist der Humor sehr schnell verschwunden. Versuchen Sie es also erst gar nicht, wenn sich Heiterkeit nicht von selbst ergibt! Erzählen Sie einen Witz auch wirklich nur dann, wenn Sie ihn gut vortragen können. Nichts ist peinlicher, als mittendrin steckenzubleiben oder durch eine falsche Erzählweise die Pointe zu „killen“.

- Was Sie sonst noch vermeiden sollten:

  – Hüten Sie sich vor Pauschalurteilen und Verallgemeinerungen. Teilt der andere Ihr Urteil nicht, ist das Gespräch meist beendet, noch bevor es begonnen hat!

- Ziehen Sie nicht über Dritte her! Das ist nicht nur unfair, sondern läßt in Ihrem Gesprächspartner die Vermutung hochkommen, Sie könnten über ihn genauso reden.
- Machen Sie sich nie auf Kosten anderer lustig!
  Geschmacklose Witze sind leider immer noch weitverbreitete Gesprächseinleitungen! Alle Arten von menschenverachtenden Witzen, egal ob rassistisch oder sexistisch, sind absolut tabu!

7. Ein Bild mit Hand und Fuß

7.1 Die Macht der Körpersprache

Die Körpersprache ist die älteste Sprache der Welt. Lange bevor wir Menschen uns mit Lautaneinanderreihungen (= Wörtern) verständigt haben, wußten wir die Sprache unseres Körpers zu deuten. Wenn sich zwei Steinzeitmenschen trafen, beachteten sie die Haltung, die Bewegungen und die Mimik des anderen sehr genau. Der erste Eindruck, den sie daraufhin gewannen, bestimmte ihr weiteres Verhalten und somit oft genug über Leben oder Tod. Es war daher für sie von größter Wichtigkeit, den richtigen ersten Eindruck zu bekommen.

Heute verwenden wir viel Energie, um neben unserer Muttersprache auch noch eine Reihe von Fremdsprachen zu lernen, und meinen, damit bestens für die Verständigung mit allen Menschen gerüstet zu sein. Aber die ursprünglichste unserer Sprachen verkümmert, wir beachten sie nicht oder deuten sie unzureichend. Vielfach versuchen wir auch, sie bewußt zu unterdrücken. Dabei ist diese Sprache im Prinzip seit der Steinzeit ziemlich gleich geblieben!

Wie entsteht Körpersprache?

Körpersprache entsteht durch eine Bewegung der Muskulatur als Reaktion auf einen Reiz. Diese Bewegung besteht entweder in einem Öffnen oder Schließen einzelner Muskelpartien bzw. der gesamten Muskulatur. Der auslösende Reiz ist meist eine plötzlich auftretende Veränderung. Als Reaktion auf diese Veränderung ziehen wir uns zurück, verschließen uns durch eine Kontraktion der Muskulatur. Dieses „Verschließen" und „Zurückziehen" stellt einen automatischen Schutzmechanismus vor zu viel Neuem, Unbekanntem dar. So wie sich die Pupille bei verstärktem Lichteinfall als Schutz für das Auge zusammenzieht, so reagiert auch der gesamte Körper. In dieser zurückgezogenen Haltung entscheiden die Sinne dann, ob die Veränderung eine Gefahr darstellt, ob die Gefahr so groß ist, daß wir besser flüchten, oder ob Angriff die bessere Strategie ist.

Je nach Stärke dieses Reizes sind die gesamte Muskulatur oder auch nur Teile davon betroffen. Die Anspannung der Muskeln hat noch einen weiteren Grund: Wir aktivieren damit unsere körpereigenen Energien, versetzen unseren Körper in den Zustand jederzeitiger Bereitschaft. Nur mit angespannten Muskeln gelingt ein schneller Start. Ein Adrenalinausstoß im Körper sorgt zusätzlich für erhöhte Leistungsfähigkeit. Alle Sinne werden aktiviert, alles konzentriert sich auf die Verarbeitung des Reizes.

Wie Sie erkennen, läuft in unserem Körper einiges als Reaktion auf einen oft geringfügigen Reiz ab.

Diese Reizreaktion kann aber nicht nur durch eine tatsächliche Veränderung auftreten, sondern auch durch eine Assoziation ausgelöst werden. Wenn wir an eine Zitrone denken, assoziieren wir damit „sauer“ und ziehen automatisch die Muskeln zusammen.

Erzählt jemand von einer bösen Verletzung, verziehen wir das Gesicht, als ob wir den Schmerz tatsächlich spüren würden. Der Reiz entsteht also in unserer Vorstellung, weil wir aufgrund unserer Erfahrungen wissen, was beim tatsächlichen Eintreten der Veränderung passiert.

Diese Reiz-Reaktions-Wirkung passiert intuitiv und schon seit Urzeiten nach dem gleichen Muster. Auch unterschiedliche Kulturkreise reagieren gleich. Egal, aus welchem Erdteil wir stammen, bei der Assoziation „sauer“ reagieren alle Menschen auf dieselbe Art.

Apropos unterschiedliche Kulturen: Es gibt auch körpersprachliche Ausdrucksweisen, die durch kulturelle Besonderheiten bedingt sind. Eine Verhaltensweise, die über Jahrhunderte in einem Kulturkreis entstanden ist, drückt sich körpersprachlich aus. Ein Beispiel dafür sind die unterschiedlichen Begrüßungsriten – Körpersprache wird hier zur „erlernten“ Sprache.

Aber zurück zu den genannten Reiz-Reaktionen:

Erst wenn der Reizauslöser als ungefährlich identifiziert wurde, entspannen sich die Muskeln wieder, und wir öffnen uns. Damit signalisieren wir: „Die Gefahr ist vorüber, mich bedroht nichts, die Veränderung ist willkommen, ich bin zur Aufnahme bereit!“

Dieses Verhaltensmuster lernen wir als Kind noch lange vor dem ersten Wort, und dieses Verhaltensmuster ist immer gleich, egal ob Höhlenmensch oder Topmanager!

Was macht die Körpersprache für unsere Kommunikation so wichtig?

Wir Menschen sind zu Recht stolz auf unsere Kultur. Wir haben ja auch schon viel geschaffen, seit wir aufrecht auf unserem Planeten wandeln. Ein besonders wichtiger Bestandteil unserer Kultur ist unsere Sprache. Sie entwickelt sich laufend weiter, und wir passen sie an unsere aktuellen Bedürfnisse an. Je vielschichtiger unsere gesellschaftlichen Strukturen, desto vielschichtiger ist auch unsere Sprache. Sie ist abhängig von der Herkunft, von unserer Bildung und von unserem beruflichen und privaten Umfeld.
Es liegt nahe, daß wir das Instrument Sprache auch als eine Art „Waffe“ in der Kommunikation einsetzen. Wir besuchen Seminare über das richtige Argumentieren oder darüber, wie wir rhetorisch punkten. Wir verstecken unsere Emotionen und wahren Gefühle hinter effizienten Worten, um unseren Gesprächspartnern keine Schwäche zu zeigen, keinen Angriffspunkt zu lassen. Statt mit Ritterrüstungen schützen wir uns mit Worten vor den (rhetorischen) Pfeilen unserer „Gegner“.
Allerdings macht unser Körper dabei nicht mit – er verrät uns. Die Körpersprache steht nämlich sehr oft im Widerspruch zu unserer Rede.
Gerade der erste Eindruck wird zu einem großen Teil von den unbewußt wahrgenommenen Körpersignalen des anderen geprägt. **Wer also diese Zeichen bewußt wahrnimmt und auch richtig wertet, der hat eindeutig einen kommunikativen Vorsprung.**
Und wer seine eigenen Körpersignale kennt und deren Einsatz trainiert, der lernt sich selbst besser zu verstehen, kann Mißverständnisse verhindern und durch eine bewußtere Körpersprache den Grundstein für eine positive Gesprächsbeziehung legen.
Sich mit Körpersprache zu befassen bewirkt also ein besseres Verstehen des anderen, mehr Offenheit gegenüber dem anderen und letztendlich auch gegenüber sich selbst.

7.2 Die Bausteine der Körpersprache

Die Körpersprache besteht aus mehreren Teilen:

1. Die Mimik

Die Mimik umfaßt alle Gefühle und inneren Einstellungen, die sich im Gesicht ausdrücken. Eine große Anzahl von Muskeln können auf unterschiedlichste Weise ein Gesicht „gestalten", es lebendig machen. Das Gesicht spiegelt unsere Gefühle am deutlichsten wider. Nicht umsonst gilt unser erster Blick beim Kennenlernen dem Gesicht. Das verdeutlichen Aussagen wie: „Die Augen sind das Fenster zur Seele!"

- Die **Augen** sind auch der zentrale Punkt der Kommunikation mit dem Gesicht. Wir haben schon erwähnt, daß wir uns nicht wahrgenommen, nicht willkommen fühlen, wenn uns unser Gegenüber bei der Begrüßung nicht in die Augen sieht. Dieser Blickkontakt zur „Erstwahrnehmung" ist entscheidend für die weitere Gesprächsbeziehung. Weicht einer diesem Blick aus, ist die Beziehung von Anfang an gestört. Dem anderen wird der Eindruck vermittelt, etwas verbergen zu wollen – schließt er die Fenster zu seinem Inneren? Egal ob der Gesprächspartner böse Absichten oder nur Unsicherheit zu verbergen sucht: Der andere ist auf der Hut, traut ihm nicht so recht über den Weg. Da nützen dann auch die schönsten Worte nichts.

- Diesem ersten Wahrnehmungsblick darf aber auch kein ausdauerndes Anstarren folgen, welches vom anderen als Kampfansage gedeutet werden könnte. Das Duell, wer als erster wegsieht, hat begonnen! Vorschulkinder spielen gerne dieses Spiel – sie üben so unbewußt nonverbale Ausdrucksmittel. Gesprächspartner, die im alltäglichen Gespräch unbewußt den **Blick immer wieder abgleiten lassen,** um dann wieder zum Gesicht des anderen zurückzukehren, signalisieren Interesse, ohne mit einem starren Blick zu fixieren, festzunageln.

- Der **Mund** kann ebenfalls durch Muskelkraft sehr ausdrucksstark gestaltet werden.
  Wenn die Augen das Fenster zu unserer Seele sind, so ist der Mund das Tor zu unseren Worten. Menschen, die beim Reden den Mund kaum öffnen oder sich die Hand vorhalten, erwecken daher den Eindruck, das Gesagte eigentlich lieber zurückhalten zu wollen. Der Gesprächspartner wird unbewußt verunsichert, auch wenn die Worte selbst aufmunternd und offen klingen.
  Ein zusammengezogener Mund signalisiert Skepsis und Zurückhaltung. Man will das, was man soeben hört, nicht einfach so hinnehmen. Man ist mißtrauisch, auch wenn ein gleichzeitiges Kopfnicken eigentlich Zustimmung signalisiert.

- Aber nicht nur Mund und Augen drücken Gefühle aus, auch eine kraus gezogene **Nase** – zum Beispiel – drückt etwas ganz Bestimmtes aus: Durch das Zusammenziehen wird das „Geruchsorgan“ verkleinert und ein unangenehmer Geruchsreiz reduziert. Wir wenden dieses Signal nicht nur bei tatsächlichen schlechten Gerüchen an, sondern auch wenn uns etwas im übertragenen Sinn „stinkt“, wenn wir mit einer Sache ganz und gar nicht einverstanden sind.
  Das gegenteilige Signal, nämlich die aufgeblähten Nasenflügel, zeigt das Gegenteil an: Wir vergrößern das Geruchsorgan, weil wir

nicht genug von dem angenehmen Geruch bekommen können. Und wir stellen auch im übertragenen Sinn alle unsere Sinne auf Empfang – die Sache, um die es geht, oder der Mensch, den wir gerade kennenlernen, „riecht" interessant!

- Eine gerunzelte **Stirn** oder hochgezogene **Augenbrauen** sind ebenfalls Ausdrucksformen unseres Gesichtes. Ein vorgerücktes **Kinn** oder eingezogene **Wangen** vermitteln dem anderen auch eindeutige Botschaften.

Sie müssen also nicht unbedingt ein begnadeter Schauspieler sein, um eine Vielzahl von Gefühlen mit dem Gesicht ausdrücken zu können!

2. Die Gestik

Die Gestik umfaßt sämtliche Bewegungen der Hände und Arme. Wieviel jemand mit seinen Händen redet, ist Ausdruck seiner Persönlichkeit, seines Temperaments. Südländer gestikulieren eindeutig mehr mit ihren Händen. Je weiter man nach Norden kommt, desto sparsamer werden die Gesten – Ausnahmen bestätigen die Regel!
Aber egal, wieviel wir unsere Hände und Arme einsetzen – sie verraten ebenfalls einiges über unsere wahre innere Einstellung. Gerade bei Menschen, die nicht so viel mit ihren Händen reden, ist eine einzige, oft nur angedeutete Geste sehr aussagekräftig.

- Die **Hände** sind eines unserer wichtigsten Instrumente zum „Erfassen" unserer Umwelt. Nicht nur Kinder haben den unwiderstehlichen Drang, alles anzufassen. Eine Vielzahl von Nervenenden an unseren Fingerkuppen macht unsere Hände überaus sensibel für bestimmte Wahrnehmungen. Kinder können ihre Umwelt nur „begreifen", wenn sie sie auch körperlich anfassen. Wie sich etwas anfühlt, sagt viel über die tatsächliche Beschaffenheit aus. Uns Erwachsenen hingegen verbietet die gute Erziehung, unserem Gegenüber zum Beispiel einfach an die Haare zu fassen, auch wenn wir das vielleicht möchten.
  Die Hände sind aber nicht nur wegen des Tastsinnes so wichtig für unsere Körpersprache. Schon für unsere Vorfahren aus der Steinzeit waren die Hände ihr wichtigstes Werkzeug, ihre wichtigste

Waffe. Alle Waffen und Werkzeuge, die sie entwickelten, stellten eine „Verlängerung" der Hände dar, eine Erweiterung ihrer Einsatzmöglichkeiten.
Im Zeitalter der Hochtechnisierung ist diese ursprüngliche Bedeutung der Hände nicht mehr ganz so erkennbar. Nur wenn wir unbewußt mit unseren Händen reden, zeigen sich noch die alten Verhaltensweisen. Denken Sie an die hinweisende Hand: Strecken Sie den Zeigefinger bei verdeckter Handfläche vor, wirkt Ihr „Hinweisen" eher wie ein angriffslustiger Speer, eine aggressive Waffe. Weisen Sie jedoch mit der offenen Handfläche auf die gleiche Sache, wird niemand Ihr Verhalten als aggressiv deuten. Die offene Handfläche bietet dem anderen eine Angriffsfläche dar, sie beweist friedliche Absichten.
Dieses kleine Beispiel zeigt, wie oft wir unbewußt unsere Hände als „Waffe" einsetzen. Ebenso können Hände und Arme aber auch als Schutz gegen „Angriffe" verwendet werden. Spricht zum Beispiel in einem Zwiegespräch einer der beiden Gesprächspartner eine für den anderen unangenehme Sache an, können wir beobachten, wie dieser plötzlich die Arme vor der Brust verschränkt. Er schützt sich damit unbewußt vor den „rhetorischen Pfeilen" des anderen.

3. Die Gebärde

Den dritten Baustein der Körpersprache stellen alle **Bewegungen dar, die vom ganzen Körper ausgeführt werden.** Hierher gehört zum Beispiel das vielzitierte Reden mit „Händen und Füßen". Temperamentvolle Redner unterstützen ihre Worte mit Bewegungen des ganzen Körpers. Ein guter Schauspieler steht auch nicht nur am Bühnenrand und deklamiert seinen Text, sondern setzt seinen gesamten Körper ein. Selbst Opernsänger müssen nicht nur ihre Stimme, sondern ihren ganzen Körper als Ausdrucksmittel verwenden.

- Auch hier machen sich wieder „urzeitliche" Verhaltensmuster bemerkbar. Die erste Reaktion auf einen bevorstehenden Angriff war schon immer ein unbewußtes Schützen unserer verletzlichsten Teile, unserer „Weichteile". Die offen präsentierte Vorderseite unseres Körpers macht uns verletzlich, ein gegnerischer Pfeil oder Speer kann uns tödlich treffen. Präsentieren wir hingegen

unserem Angreifer unsere „Knochenseite", also unsere Seitenfront, kann uns der feindliche Angriff nicht gleich tödlich treffen. Der Speer prallt an den Arm-, Hüft- und Beinknochen ab, bevor er unsere lebenswichtigen Organe trifft.
Selten haben wir es im Berufsleben mit derart gefährlichen Angreifern zu tun. Trotzdem signalisiert unsere Gebärde dem „Gegner" immer noch die gleichen Warnungen. Dreht sich zum Beispiel ein Gesprächspartner während des Gespräches leicht zur Seite, zeigt er unbewußt seine Abwehrhaltung gegenüber dem Gesagten oder der anderen Person an. Er hält den anderen dadurch auf Distanz, er wappnet sich gegen „verbale Speere".

- Viele Bewegungen, die scheinbar nur von den Händen ausgeführt werden, binden den ganzen Körper mit ein. So wird beispielsweise ein Schulterzucken von einem Wechsel des Standbeines begleitet – das kann bedeuten, daß ich eine Sache abhake, einen neuen, gleichgültigen Standpunkt einnehme und daher auch physisch meinen „Standpunkt" von einem Bein auf das andere verlagere.
  Es ist ziemlich schwierig, ausschließlich einzelne Körperteile zu bewegen und dabei alles andere ruhig zu halten. Pantomimen üben diese Fähigkeit sehr lange, bis es gelingt, etwa nur eine Schulter oder nur den Hals zu bewegen. Körpersprache heißt auch deswegen so, weil es meist eine Sprache des ganzen Körpers ist! Wenn wir daher nur einen Teil des Sprechers sehen (z. B. bei einem Nachrichtenmoderator), können wir seine wahren Gefühle nicht restlos einschätzen. Es bleibt als Eindruck ein Rest von Unsicherheit, woran wir wirklich sind.

4. Die Haltung

Im Unterschied zur Gebärde, die eine plötzliche Veränderung in unserer Bewegung darstellt, wird unter der Haltung die Art und Weise, wie jemand geht, steht oder sitzt, verstanden.
Es fällt nicht schwer, bei einem Menschen, der mit hängenden Schultern, vornübergebeugtem Kopf und schleppenden Schritten daherkommt, Müdigkeit und Resignation festzustellen. Aber nicht jede Körperhaltung ist so eindeutig.

- Gerade die **Art des Sitzens** verrät viel über einen Menschen. Je nachdem, wieviel jemand von der Sitzfläche und der unmittelbaren Umgebung beansprucht, so selbstsicher fühlt er sich im Moment – oder so viel Terrain beansprucht er für sich. Sitzt jemand zum Beispiel nur auf dem halben Stuhl, ist er entweder schon wieder halb auf der Flucht oder er getraut sich nicht, die volle Sitzfläche zu beanspruchen – er läßt noch Platz für jemand anderen, sein vermindertes Selbstwertgefühl gibt ihm im Moment das Gefühl, kein Anrecht auf einen vollen Sitzplatz zu haben.

Sitzt hingegen jemand besonders „ausladend" auf seinem Stuhl, die Füße nach vorne gestreckt und die Hände hinter dem zurückgelegten Kopf verschränkt, markiert er ein besonders großes Territorium. Er drückt damit aus: „Achtung, das ist mein Reich! Komm mir nicht zu nahe, ich bin selbstbewußt genug, um jeden Angriff abzuwehren!" Es hängt natürlich auch von der jeweiligen Situation ab – aber im Berufsleben deutet so ein übertrieben zur Schau gestelltes Selbstwertgefühl auf bewußtes Ausspielen von Macht oder aber auf Verstecken der eigenen Unsicherheit!

- Aber auch die **Art zu gehen** gibt uns Signale über die momentane Verfassung des anderen. Ein nach hinten gedrückter Kopf und damit auch eine starre Haltung der Brust und des Ganges zeigen eine festgelegte Weltanschauung, dieser Mensch hält sich an starre Richtlinien. Dagegen zeigen uns beispielsweise lebhafte Bewegungen im Gehen instinktiv einen Menschen, der an Informationen interessiert ist, der einfallsreich und nach außen gerichtet ist.

Es ist nicht immer leicht, die genaue Bedeutung einzelner Haltungen zu deuten. Trotzdem prägt gerade die Art zu stehen, zu sitzen oder zu gehen entscheidend den ersten Eindruck mit.

5. Die Distanzzonen

Ein Bereich, der zwar nicht unmittelbar zu unserer Körpersprache gehört, aber trotzdem einen großen Einfluß auf unsere Körpersignale hat, ist der Bereich der Distanzzonen.

Unter der Distanzzone wird jener Raum verstanden, den ein Mensch in einer gewissen Situation für sich beansprucht. Je nach dem Verhältnis, in dem ich zum Gesprächspartner stehe, ist diese Zone enger oder weiter gesteckt. Kommt mir der andere zu nahe, dringt er also in meine im Moment gültige Distanzzone ein, fühle ich mich irritiert, die Kommunikation wird gestört. Viele Gespräche laufen deswegen nicht in den richtigen Bahnen ab, weil diese unsichtbaren Zonen verletzt wurden.

Welche Zonen gibt es?

- Die engste Zone ist die **„Intime Distanz"**, sie bildet in etwa einen Kreis von 60 Zentimetern um uns herum. In diese Zone lassen wir hauptsächlich unsere engsten Bezugspersonen. Sie ist also reserviert für den Partner und die Familie – 60 Zentimeter sind hier deswegen die Grenze, da das die ungefähre Reichweite unserer Arme ist. In diesem Bereich ist nämlich direkter Körperkontakt erlaubt, wir können den anderen jederzeit umarmen. Kommunikation findet hier nicht nur durch Worte, sondern auch mit allen anderen Sinnen statt: Fühlen, Riechen, Tasten, Schmecken. Es ist daher verständlich, daß wir in dieser Zone Fremde wenig tolerieren. Es könnte zu leicht passieren, daß wir den anderen einfach nicht „schmecken" können. Dringt jemand ohne besonderen Grund in diese Zone ein, fehlt ihm entweder der natürliche Instinkt zum Respektieren der Intimzone – solche Mitmenschen werden auch oft „distanzlos" genannt. Oder aber das Gegenüber möchte mehr oder weniger bewußt Macht demonstrieren, den anderen unterordnen. Setzt sich zum Beispiel ein Mitarbeiter anscheinend wohlwollend auf die Lehne des Schreibtischstuhls einer Kollegin, weil er angeblich nur kurz in ihren Bildschirm schauen will, ist dieses Eindringen durchaus mit Absicht erfolgt: Er will seine überlegene Position demonstrieren. Die Kollegin wird körpersprachlich durch ein leichtes Zurückweichen oder ein In-sich-Zurückziehen reagieren. Und genau damit hat der „Eindringling" gerechnet! Er kann nun seinerseits wieder ein Stück nachrücken, das „Machtspiel" geht weiter. Würde die Kollegin ihrerseits „mit den gleichen Waffen zurückschlagen", würde sie also einfach aufstehen und dabei ihrerseits in seine engste Distanzzone vordringen, würde der „Angreifer" dieses körpersprachliche Signal verstehen und wahrscheinlich sofort zurückweichen.

- Die **„Persönliche Distanz"** ist der Bereich von 60 bis 150 Zentimetern; dieser ist reserviert für Bekannte und Freunde. Sie dürfen schon auch einmal auf Armeslänge herankommen, ein freundschaftliches Schulterklopfen ist ein für diese Beziehung angemessener Körperkontakt. Sehr gute Freunde dürfen beim Begrüßen und Verabschieden auch „auf ein Küßchen" näherrücken.
  Wir sind aus unserer Erfahrung überzeugt, daß ein freundlicher Händedruck, der uns noch dazu die Möglichkeit zu einem offenen Blickkontakt gibt, ein optimaler Start in eine vertrauensvolle Beziehung ist!

- Die **„Gesellschaftliche Distanz"** umfaßt den Bereich von 150 Zentimetern bis 2 Meter. In dieser Zone findet im Normalfall unser Berufsleben statt. Mitarbeiter, Chefs, Kunden und andere Personen, mit denen uns ein geschäftliches Verhältnis verbindet, sind hier richtig aufgehoben.
  Manchmal sind wir jedoch gerade „von Berufs wegen" gezwungen, in eine engere Zone vorzudringen. Ein Kellner im Restaurant oder ein Arzt müssen in Ausübung ihrer Tätigkeit dem Restaurantbesucher bzw. dem Patienten einfach näher rücken. Der Grund, warum dies passiert, ist dem Betroffenen dabei jedoch bewußt, er kann es daher leichter tolerieren. Er betrachtet den „Ein-

dringling" für diesen Zeitraum als „Nichtperson" – der funktionale Vorgang steht im Mittelpunkt. Ein Gast im Restaurant schaut einem Kellner, der gerade den Teller knapp neben ihm auf den Tisch stellt und dabei fast seinen Arm berührt, bewußt nicht in die Augen, der persönliche Kontakt ist für diesen kurzen Zeitraum aufgehoben. Hat sich der Kellner neuerlich in seine angestammte Zone zurückgezogen, fällt es wieder leicht, ihm auch mit Blickkontakt für sein Service zu danken. Nicht zuletzt wird diese „funktionelle Unpersönlichkeit" durch Berufskleidung unterstützt. Wir empfinden es als angenehmer, von einem Arzt in weißer Kleidung untersucht zu werden – ein Arzt im Abendanzug würde das Rollenbild und damit das Gefühl für Distanzzonen stören.

- Der vierte unsichtbare Kreis um uns herum, die **„Öffentliche Distanz"** umfaßt alles, was weiter als 2 Meter von uns entfernt ist. Das ist die Distanz, die wir als passend für Vortragende, Schauspieler, Lehrer und ähnliche empfinden. Wie würden Sie sich fühlen, wenn Sie während eines Theaterstückes mitten auf der Bühne sitzen würden? Oder wenn der Pfarrer in der Kirche plötzlich den Nebenplatz einnehmen würde, um von dort aus weiterzupredigen? Sie würden sich sicher nicht sehr wohl fühlen und hätten das Gefühl, plötzlich unfreiwillig ins Zentrum des Interesses gerückt zu sein. Diese mediale Präsenz unterscheidet sich sehr von einem Eindruck, den wir von jemandem in unmittelbarer Nähe gewinnen.
  Es würde jedoch andererseits unser Distanzgefühl stören, wenn jemand, der eigentlich in eine nähere Zone gehört, plötzlich aus der öffentlichen Distanz mit uns reden würde. Oder können Sie sich einen Ehestreit vorstellen, bei dem Ihr Partner bzw. Ihre Partnerin auf dem Rednerpult steht und Sie in der letzten Reihe sitzen?

Meist halten wir instinktiv die richtige Distanz zum anderen ein, da ja nicht nur er diese Zonen um sich hat, sondern auch wir selbst. Es ist also in „beiderseitigem Interesse", sich nicht zu nahe zu rücken. Trotzdem gibt es Situationen, wo diese sensiblen Bereiche bewußt oder unbewußt gestört werden – und damit auch entscheidend der erste Eindruck mit geprägt wird.

7.3 Körpersprache übersetzen – den anderen besser verstehen

Beim näheren Befassen mit der Körpersprache erhalten wir leicht das Gefühl, alles wäre ganz einfach: Man schaut dem anderen genau auf den Körper, und bei jeder Bewegung liest man in ihm wie in einem offenen Buch. Nie wieder hat jemand die Chance, uns anzulügen – keine Gefühlsregung bleibt uns verborgen.
Ist die Sprache unseres Körpers wirklich so einfach zu verstehen? Bedeutet ein und dieselbe Handbewegung bei allen Menschen das gleiche? Oder besteht nicht doch die Gefahr, manche Dinge zu sehr zu vereinfachen und gerade deswegen zu Mißverständnissen zu gelangen?
Das richtige „Übersetzen" der nonverbalen Signale des anderen erfordert sehr viel Fingerspitzengefühl. Nur wer sich bewußt in den anderen hineinversetzen kann und behutsam vorgeht, kommt der Wahrheit auf die Spur. Hüten Sie sich daher vor vorschnellen Urteilen und oberflächlichen „Übersetzungen". Zu leicht landet ein anderer dadurch bei Ihnen in der falschen Schublade – und das ist nicht nur für ihn von Nachteil.
Es ist daher wichtig, **alle** körpersprachlichen Signale als Gesamtheit zu betrachten. Eine Geste allein gesehen kann leicht zu Fehlschlüssen führen. Sieht man sie aber im Zusammenhang mit den übrigen Bewegungen und der Haltung des ganzen Körpers, ist sie aussagekräftiger und läßt Rückschlüsse auf die wahren Gefühle des Gegenübers zu.

- Auf diese Weise lassen sich auch Widersprüche erkennen. Damit meinen wir nicht nur Widersprüche zwischen gesprochenem Wort und Körpersignal, sondern auch Widersprüche in der Körpersprache selbst. Die Beispiele mit dem zusammengezogenen Mund und dem zustimmenden Kopfnicken sind Beweise dafür. Ebenso widersprüchlich und damit unglaubhaft wirkt das netteste Lächeln, das nicht bis zu den Augen vordringt. Ein ehrlich empfundenes Lächeln begegnet uns auch in den Augen wieder.
- Ein weiterer, noch nicht erwähnter Bereich in der Sprache unseres Körpers ist der Hals. Er drückt unsere Wendigkeit, unsere Flexibilität aus. Wer also seine Halsmuskulatur verspannt oder den Hals

einzieht, verringert so im wahrsten Sinne des Wortes auch seine geistige Wendigkeit. Außerdem ist der Hals eine sehr verletzliche Zone. Ein „Biß“ in die Halsschlagader ist tödlich! Daher versuchen wir bei drohender Gefahr unbewußt, unseren Hals zu schützen – entweder durch Hochziehen unserer Schultern oder durch ein Vorbeugen des Kopfes. Präsentiert uns unser Gegenüber aber offen seinen Hals, indem er den Kopf in die Höhe reckt, zeigt er uns an, wie sicher und vielleicht auch überlegen er sich fühlt. Legt er dabei aber die Hand wie spielerisch an den Hals, wirkt diese Geste vielleicht so, als würde er gerade unsere Worte abwägen. Eigentlich schützt er damit aber wieder seinen „verletzlichen“ Hals. So ganz traut er der Situation doch nicht! Ebenfalls ein Widerspruch!

Achten Sie bewußt auf solche Widersprüche im Ausdruck Ihres Gegenübers!

- Widersprüche in der Körpersprache entstehen auch aus der Tatsache heraus, daß wir nicht den gesamten Körper gleich gut „steuern“ können. Das Gesicht, also unsere Mimik, ist noch relativ leicht bewußt zu gestalten. Mit einiger Übung lassen sich auch Hände, Arme und Oberkörper „in den Griff bekommen“. Menschen, die in der Öffentlichkeit stehen, werden nicht umsonst körpersprachlich geschult. Wie in einer Sprachschule lernen sie etwas über die Bedeutung und den Einsatz von Bewegungen und Ausdrucksformen mit positiver Wirkung auf andere. Trotzdem stößt dieses Bemühen vielfach an Grenzen. Wir können unseren ganzen Körper nicht immer einer bewußten Kontrolle und Steuerung unterziehen.
  Speziell die Beine und Füße entziehen sich vielfach diesen Bemühungen. Je stärker die Emotionen an die Oberfläche drängen, desto stärker entwickeln speziell unsere unteren Extremitäten ihr Eigenleben. Nicht zuletzt deswegen bestehen Diskussionsteilnehmer in „Wahl-Duellen“ auf verdeckten Fußzonen. Was nützt die souveränste Haltung des Oberkörpers, das siegessichere Lächeln und die dynamisch-zielstrebige Handbewegung, wenn die nervös vor und zurück wippenden Füße eine völlig andere Sprache sprechen?
  Allerdings geht auch die bewußte Wahrnehmung der nonverbalen Signale des anderen in gleichem Ausmaß zurück. Wir nehmen die

Gefühle, die ein Gesicht ausdruckt, wesentlich bewußter wahr als die Signale, die die Beine „aussenden". Wenn Sie also auch die „unteren Zonen" in die Beobachtung Ihres Gegenübers mit einbeziehen, fällt das richtige Übersetzen schon viel leichter. Steht jemand fest auf beiden Beinen, ohne nervöses Wippen und ständiges Wechseln des Standbeines, verrät dies viel über seine selbstsichere Haltung – unerschütterlich, wie ein Fels in der Brandung, komme, was da wolle!

- Einen wesentlichen Einfluß auf die Körpersprache haben auch unsere beiden unterschiedlichen Gehirnhälften. Sie funktionieren nach unterschiedlichen Mustern und beeinflussen die jeweils andere Körperhälfte. Die linke Hälfte unseres Großhirnes, die für die „Ratio", den Intellekt, das logische Denken und unser Sprachzentrum steht, drückt sich in den Bewegungen unserer rechten Körperhälfte aus. Menschen, die also mehr Gesten und Bewegungen mit der rechten Hand machen, sind meist mehr von der linken Gehirnhälfte gesteuert, sind eher aktive Tatmenschen. Umgekehrt sind Menschen mit mehrheitlich „linken" Gesten eher von der rechten, „emotionalen und intuitiven" Gehirnhälfte gesteuert, also eher künstlerisch und kreativ veranlagt. Wir hören auch nicht auf beiden Ohren gleich gut. Meist bestimmt auch hier die Gehirnausrichtung unser Hörverhalten. Beobachten Sie einmal, welches Ohr Ihnen Ihr Gesprächspartner „leiht"!

Die Körpersprache unserer Mitmenschen kann also eine ganze Menge über sie verraten. Hüten Sie sich aber vor vorschnellen Urteilen. Lernen Sie einfach, Ihre Mitmenschen etwas genauer zu beobachten, sie in ihrer Gesamtheit wahrzunehmen und nicht nur ihren Worten zu lauschen. Das kann Ihnen helfen, andere besser zu verstehen und damit kommunikative Mißverständnisse zu vermeiden.

7.4 Die bewußt eingesetzte Körpersprache

Hier wollen wir noch einige Tips zur bewußt eingesetzten Körpersprache anführen. Es geht dabei nicht um ein bewußtes Verändern der natürlichen Ausdrucksweise, sondern vielmehr um die Wechselwirkung zwischen Körpersprache und Gefühlen. Bisher sind wir immer von Körpersignalen ausgegangen, die als Folge eines Reizes entstehen und die inneren Gefühle eines Menschen ausdrücken. Es läßt sich jedoch auch noch ein weiteres Phänomen beobachten: Durch eine bewußte Muskelbewegung, die ein bestimmtes Gefühl ausdrückt, können wir auch unsere Gefühle direkt beeinflussen. Was wir damit meinen, ist an folgendem Beispiel rasch erklärt:

In unseren Seminaren machen wir mit den Teilnehmern stets einen kleinen Test. Wir bitten sie, sich gegenseitig anzuschauen und dabei die Augenbrauen hochzuziehen. Dann fordern wir sie auf, den Partner trotz hochgezogener Augenbrauen möglichst böse anzusehen. Meist endet dieser Versuch mit allgemeinem Gelächter über die komischen Grimassen. Wer meint, er könne diese Übung ausführen, der ist aufgerufen, es gleich morgen früh vor dem Badezimmerspiegel zu probieren. Sie werden sehen, es fällt auch Ihnen ziemlich schwer, mit hochgezogenen Brauen ein „böses" Gesicht zu machen. Ihr Ausdruck ist vielleicht erstaunt, aber sicher nicht böse. Probieren Sie den gleichen Trick einmal aus, wenn Ihnen ein netter Verkehrsteilnehmer heftig gestikulierend zu verstehen gibt, was er von Ihnen hält. Statt dem eigenen Ärger Raum zu lassen, blockieren Sie ihn einfach durch ein paar minimale Muskelbewegungen!

Wie erzielen Sie nun durch eine offene Körpersprache einen positiven ersten Eindruck?

- Oberstes Gebot ist dabei die **Natürlichkeit!** Versuchen Sie nicht, mit bühnenmäßigen Gesten zu beeindrucken. Wer seine Rede durch besonders „lebhafte" Handbewegungen zu unterstützen versucht, um möglichst dynamisch zu wirken, gleicht eher einer Windmühle bei Sturm und „überdeckt" durch die zu übertrieben eingesetzte Körpersprache seine Worte. Außerdem ist bei zuviel „Künstlichkeit" die Gefahr groß, doch durchschaut zu werden, wenn uns beispielsweise unsere Füße verraten!
- Bemühen Sie sich um eine möglichst **entspannte Körperhaltung.** Nur wer nicht verkrampft ist, wird vom anderen als offen und bereit zur Kontaktaufnahme empfunden. Lockern Sie daher besonders in schwierigen Gesprächssituationen immer wieder Ihre Schultern, und vermeiden Sie es, sich mit den Händen irgendwo

festzuklammern, sei es an Ihrem Kugelschreiber, an einem Schriftstück oder an der Tischplatte. Ebenso achten Sie darauf, daß Sie auch Ihre Füße nicht „haltsuchend“ um die Stuhlbeine klemmen – Sie blockieren durch diese Verspannungen Ihren Energiefluß, und der andere deutet Ihr „Anker-Auswerfen“ als Unsicherheit.

- Bemühen Sie sich stets um einen **offenen Augenkontakt,** ohne anzustarren, aber auch ohne verlegenes Wegschauen. Wenn Sie dem anderen aufmerksam zuhören, werden Sie automatisch den richtigen „Zugang“ zu seinen Augen finden.

- Stehen Sie **fest und sicher auf beiden Beinen.** Die graziöseste Ballerina-Stellung verliert ihre Wirkung, wenn Sie jeden Moment umzukippen drohen. Nützen Sie beim Sitzen die gesamte Sitzfläche aus, sitzen Sie aufrecht und dem anderen zugewandt. Je weniger „Barrieren“ Sie von Ihrem Gesprächspartner trennen, desto besser – egal ob es sich dabei um vorgehaltene Aktenmappen, Schreibtische oder andere Gegenstände handelt.

- Achten Sie beim **Händedruck** auf einen **kurzen, festen** Druck, ohne dabei dem anderen die Handknochen zu verschieben. Weder der „Knochenknacker“ noch der „quallige Händedruck“ hinterlassen ein positives Gefühl!

- Passen Sie sich der **Körperhaltung Ihres Gegenübers** an. Ein Gespräch, bei dem sich beide Partner auf gleicher Höhe befinden, verläuft optimaler. Gehen Sie in die Knie, wenn Sie mit einem Kind sprechen, und stehen Sie auf, wenn ein Besucher in Ihr Büro kommt.

- Verwenden Sie Ihre **Körpersprache nie als** bewußt eingesetzte **„Waffe“.** Ein Gespräch ist, wie bereits gesagt, kein Duell: Sie wollen den anderen ja nicht besiegen, sondern zu einem angenehmen Gesprächspartner machen!

Puzzle kann man auch am Telefon spielen ...

Gabriele Cerwinka

Die bisherigen Beispiele haben Ihnen einen Überblick über die vielfältigen Möglichkeiten des ersten Eindrucks gegeben. Die folgende wahre Begebenheit aus meinem Berufsleben soll Ihnen eine weitere Facette aufzeigen, bei der ein Einleitungssatz – und zwar am Telefon – für Erfolg oder Mißerfolg einer Geschäftsbeziehung ausschlaggebend war:

Eines Tages erhielt ich in meinem Büro einen Anruf, bei dem es mir mit betont forscher Stimme entgegenschallte: „Sagen Sie, spreche ich mit Frau Cerwinka?“
Stellen Sie sich bitte nun vor, was in meinen Gedanken vorging: Aha, eine äußerst unsichere Zeitgenossin! Wer spricht da? Was will diese Frau von mir?
Ich antwortete mit einem höflichen „Guten Tag, ich bin Frau Cerwinka“. Weiter kam ich nicht, denn meine Gesprächspartnerin überrollte alle meine Versuche einer geordneten Gesprächsführung mit den Worten: „Sie sollen für uns ein Seminar machen, und zwar am ...“ Auf meine Frage nach ihrem Namen hatte sie lediglich ein knappes „Ach, hab' ich mich noch nicht vorgestellt? Wir sind die Firma XY. Bitte schicken Sie mir Ihre Unterlagen, und wir werden dann darüber entscheiden, ob wir Sie damit beauftragen.“
Ich versuchte durch Fragen noch einiges mehr an Informationen zu erhalten, was mir allerdings nur spärlich gelang, da die Dame sehr kurz angebunden war. Als ich sie letztlich um den Namen ihres Chefs bat, sah ich ihre Unsicherheit und damit ihre Präpotenz bildlich vor mir. Als ich einige Tage später ihren Chef kennenlernte, konnte ich mein Eindrucks-Puzzle vervollständigen – und sie tat mir in ihrer beruflichen Überforderung fast schon ein bißchen leid.

Was denken Sie: Ist die Geschäftsbeziehung zustande gekommen? Richtig, wir konnten uns bis heute nicht über die grundlegenden Vereinbarungen zu dieser Schulung einigen. Schade, denn gerade diese Repräsentantin einer größeren Firma sowie ihr unmittelbarer Chef hätten einige aufklärende Worte über die Macht des ersten Eindrucks bitter nötig!

8. Wenn der erste Eindruck wie ein Puzzle ist ...

Nicht immer erfolgt die erste Kontaktaufnahme persönlich, unmittelbar. Habe ich den anderen nicht „live“ vor mir, kann ich auch seine Körpersprache, sein äußeres Erscheinungsbild und alle anderen „Botschaften“, die er mir noch zukommen läßt, nicht mit beurteilen. Findet zum Beispiel die erste Kontaktaufnahme am Telefon statt, hören wir nur die Stimme des anderen – und damit eine „reduzierte“ Kommunikation!

Wir erhalten sozusagen zunächst nur einen Puzzlestein für unser Eindrucks-Puzzle, nämlich die Stimme. Die nächsten Puzzlesteine liefern weiters Inhalt und Wortwahl. So haben wir ein Bild vor uns, das allerdings nicht vollständig ist. Wir betrachten es und schmücken es in unserer Phantasie aus. Wie mag die Gesprächspartnerin am Telefon mit der angenehmen Stimme wohl aussehen? Welches Gesicht paßt zu dem Herrn, bei dem sich hinter jedem Wort ein Lächeln versteckt hat? Kommen Ihnen diese Überlegungen bekannt vor? Oft formen wir uns in Gedanken ein sehr konkretes Bild vom anderen und sind dann überrascht, wenn wir ihn persönlich kennenlernen.

Wie kann ich nun den ersten Eindruck positiv beeinflussen, wenn der andere „nur“ meine Stimme hört? Oder wenn er „nur“ einen Brief von mir in Händen hält? Ich muß ganz einfach auf diese „reduzierten“ Botschaften, die ich überreiche, besonderen Wert legen!

8.1 Die Kontaktaufnahme am Telefon

Das Telefon hat unsere Kommunikation revolutioniert. Wir können über große Distanzen hinweg miteinander sprechen. Die Mobiltelefone haben noch einmal einen Fortschritt gebracht. Jetzt sind wir wirklich immer und überall erreichbar. Wunderbare neue Welt der perfekten Kommunikation!

Aber warum zucken wir nervös zusammen, wenn schon wieder dieses quälende Geräusch an unser Ohr dringt? Warum ist gerade das

Telefon zum „Arbeitsfeind Nr. 1" aufgestiegen? Einfach, weil wir uns die Dosis nicht aussuchen können, weil wir uns verfolgt fühlen, wenn wir ständig erreichbar sein müssen. Und da sollen wir auch noch an einen perfekten ersten Eindruck denken? Ist doch nur gut, wenn der andere durch die eigene Unfreundlichkeit abgestoßen wird, ruft er wenigstens nicht mehr an! Oder?

Aber einen Vorteil hat das Telefon immerhin im Vergleich zur guten alten Zeit des Briefschreibens: Wir müssen uns nicht lange um „druckreife" Formulierungen bemühen, wir können wie im direkten Gespräch einfach drauflossprechen. Noch dazu sieht uns der andere nicht, wir können also auch bei einem wichtigen Gespräch einfach die Füße auf den Tisch legen und unsere Manieren vergessen – notfalls sogar an die Stirn tippen, um unserem Unmut Luft zu machen. Und wird es uns endgültig zu bunt, legen wir einfach auf. Man kann sich ja im nachhinein immer noch auf die Technik ausreden!

Beide Sichtweisen bringen uns im Umgang mit dem Medium Telefon nicht recht weiter. Auch wenn uns diese Errungenschaft der Technik zeitweilig ordentlich in Streß versetzt, so ist sie doch ein wesentlicher Bestandteil unseres heutigen Lebens und einfach nicht wegzudenken. Wir müssen daher lernen, bewußt damit umzugehen und die Vorteile für uns zu nutzen bzw. die Nachteile zu minimieren und dort, wo Nachteile unvermeidbar sind, sie einfach zu akzeptieren.

Es gibt schon eine große Anzahl an Büchern und Seminaren für richtiges Telefonieren, daher möchten wir uns hier auf jene Faktoren beschränken, die für den ersten Eindruck via Telefon entscheidend sind.

- **Die innere Einstellung macht den Unterschied!**
  Betrachte ich das Läuten des Telefons nur als Störung, wird es mir schwer gelingen, spontan einen guten Eindruck am anderen Ende zu erzielen. Der Anrufer merkt intuitiv, daß er unerwünscht ist – kein guter Start für ein produktives Gespräch! Bemühen Sie sich daher um eine positive Einstellung gegenüber dem Telefon, betrachten Sie es als wichtiges Arbeitsinstrument und als Möglichkeit, interessante Kontakte vom Schreibtisch oder von zu Hause aus zu knüpfen. Atmen Sie einmal tief durch, bevor Sie den Hörer abheben, und besinnen Sie sich auf diese positive Einstellung – das entspannt und macht den Kopf frei für das Gespräch!

- **Vorbereitung als Basis**
  Wenn Sie derjenige sind, der anruft, haben Sie die Möglichkeit, sich bewußt und richtig auf das Gespräch vorzubereiten. Gehen Sie dabei – bei wichtigen Gesprächen auch zum Teil schriftlich – die folgende „Fragen-Checkliste“ durch:

  - Wer wird mein Gesprächspartner sein? Was weiß ich schon über ihn?
  - Wann ist der günstigste Zeitpunkt?
  - Was will ich erreichen?
  - Was wird der andere erreichen wollen?
  - Welche Argumente habe ich?
  - Welche Fragen werde ich stellen?
  - Was wird der andere einwenden? Wie reagiere ich darauf?
  - Welche Unterlagen benötige ich?
  - Welche Einleitungsformulierung wähle ich?

- **Korrektes Melden und die richtige Begrüßung**
  Der wichtigste Punkt für den ersten Eindruck ist gleichzeitig auch die größte Falle: die ersten Worte nach dem Abheben des Hörers.

  Fehler Nummer 1: Schon zu sprechen beginnen, während der Hörer noch weit von Mund und Ohr entfernt ist.

  Fehler Nummer 2: Undeutliches und rasches Aussprechen des eigenen Namens bzw. des Firmennamens.

  Fehler Nummer 3: Alleinige Nennung des Firmennamens – man wird so zum „unpersönlichen Repräsentanten“ seines Unternehmens. Der erste Eindruck fällt aber meist positiver aus, wenn der andere auch weiß, daß er einen Gesprächspartner mit Namen am anderen Ende hat!

  Fehler Nummer 4: Statt eines Lächelns begleitet ein unterdrückter Seufzer die ersten Worte am Telefon! Der andere merkt sofort Ihre Stimmung und läßt sich davon beeinflussen!

  Fehler Nummer 5: Bei der Begrüßung wird der andere nicht mit seinem Namen angesprochen. Genauso, wie der Gesprächspartner Ihren Namen kennen will, möchte er auch selbst das Gefühl haben, daß Sie ihn als Mensch wahrgenommen haben – das merkt er am deutlichsten, wenn Sie ihn mit seinem Namen ansprechen.

◆ **Die richtige Stimme**

Am Telefon spiegeln hauptsächlich Ihr Tonfall und Ihre Stimmlage die Gefühle wider, die Sie im Moment haben. Aus diesen „Informationsquellen" bezieht der Gesprächspartner seinen Eindruck. Eine gepreßte, schrille Stimme vermittelt am anderen Ende kein Wohlbefinden! Natürlich bekommt nicht jeder die perfekte Telefonstimme angeboren oder hat eine Schauspielausbildung mit Stimmtraining hinter sich. Aber trotzdem können Sie Ihre „Stimmlage" verbessern, wenn Sie einige einfache Tips beachten:

- Setzen Sie sich beim Telefonieren aufrecht hin. Sie können so den gesamten Brustkorb als „Resonanzkörper" für Ihre Stimme nutzen.
- Atmen Sie vor dem Telefonat tief durch. Achten Sie bewußt auf die Bauchatmung. Sie vermeiden damit, daß Ihnen bald „die Luft ausgeht" und Ihre Stimme gepreßt klingt.
- Wenn Sie auf die beiden ersten Punkte achten, klingt Ihre Stimme automatisch tiefer. Unterstützen Sie diesen Effekt, indem Sie bewußt eine Spur tiefer sprechen.
- Sprechen Sie nicht zu rasch! Die Nervosität bei einem wichtigen Gespräch beflügelt meist die Stimme, und der Gesprächspartner merkt, daß der andere das Gespräch am liebsten so schnell wie möglich hinter sich bringen will.
- Betonen Sie bewußt, und achten Sie auf Satzzeichen, indem Sie mit der Stimme hinauf- bzw. hinuntergehen. Machen Sie Pausen!
- Halten Sie den Hörer so nahe wie möglich an den Mund. Ihre Stimme kommt so möglichst unverfälscht durch die Leitung, Sie müssen nicht so laut sprechen und wirken selbstsicherer.

Lächeln Sie – der andere hört es!

- **Telefonieren Sie aktiv**
  Wenn Sie beim nächsten Telefonat genau darauf achten, werden Sie feststellen, wieviel Sie aus der Art und Weise, wie der andere spricht, heraushören können.
  Auch wenn der andere Sie nicht sehen kann, ist das kein Grund, Ihre normalen Sprechgewohnheiten zu ändern. Gestikulieren Sie ruhig mit Händen und Füßen – die Lebendigkeit kommt auch durchs Telefon. Schreiben Sie zum Beispiel auch mit, wenn der andere wichtige Informationen übermittelt – er merkt es und fühlt sich ernst genommen.
  Stehen Sie vor allem bei schwierigen Gesprächen am Telefon auf. Ein körperlich fester Stand gibt Ihnen auch eine feste innere Haltung.
  Aktives Zuhören ist natürlich auch am Telefon wichtig!

- **Lassen Sie sich nicht überrumpeln**
  Kommt ein Anruf wirklich sehr ungelegen, ist es besser, das auch höflich auszusprechen und den anderen zu einem späteren (vereinbarten) Zeitpunkt verläßlich zurückzurufen. Formulieren Sie höflich, und erklären Sie dem Anrufer, warum es auch und gerade in seinem Sinn besser ist, wenn Sie erst die nötigen Unterlagen vorbereiten und ihn dann zurückrufen. Bedenken Sie, daß ihn sein eigener Nutzen mehr interessiert als die Tatsache, daß Sie gerade so im Streß sind.

- **Vorsicht mit den Tücken der Technik**
  Passiert es Ihnen häufig im Berufsalltag oder auch bei privaten Telefonaten, daß Sie plötzlich mit der Bemerkung „Warten Sie bitte kurz, ich habe jemanden anderen in der Leitung“ kaltgestellt werden? Wenn ja, wissen Sie um Ihre eigene innere Reaktion!
  Bitte vermeiden Sie bei beruflichen Telefonaten das Reagieren auf ein weiteres Gespräch unbedingt – denn nichts stört den ersten Eindruck mehr, als plötzlich sein Anliegen nicht mehr weiter besprechen zu können.
  Versetzen Sie sich in die Lage Ihres ersten Gesprächspartners – letztlich kosten ihn das Warten und ein weiterer Gesprächsanlauf

Zeit und Geld. Und auch Sie müssen sich neuerlich konzentrieren und gleichzeitig die Worte des zweiten Gesprächspartners im Gedächtnis behalten.

8.2 Der schriftliche Einstieg

Vielfach erfolgt der erste Kontakt für eine neue und für Sie wichtige Geschäftsbeziehung schriftlich. Der erste Eindruck, den der Empfänger erhält, entscheidet über seinen nächsten Schritt: Legt er das Geschriebene weg, oder befaßt er sich näher damit? In manchen Situationen hängt gerade für den Verfasser des Schriftstückes von dieser Entscheidung sehr viel ab, etwa bei:

- der Akquisition von Neukunden
- der Stellenbewerbung
- der Werbebotschaft
- einem für Sie oder Ihr Unternehmen wichtigen Anliegen

Das sind nur einige Beispiele für wichtige schriftliche „Kommunikationspakete". Tagtäglich werden unzählige solcher Pakete versendet; welche davon wir annehmen, hängt entscheidend vom ersten Eindruck ab!

Im folgenden finden Sie die wichtigsten Grundregeln für einen erfolgversprechenden schriftlichen Einstieg.

Grundregel 1: Schreiben Sie für den Leser!

Ähnlich wie in der mündlichen Kommunikation gilt auch bei der schriftlichen Botschaft: Setzen Sie immer vorher die Brille des zukünftigen Lesers auf. Viele Punkte ergeben sich von selbst, wenn Sie sich auch hier wieder in die Lage des Lesers versetzen. Egal ob Sie einen privaten Glückwunschbrief, einen Beschwerdebrief oder eine Bewerbung schreiben – stellen Sie sich den Adressaten ganz genau vor: Was könnte ihn interessieren, wie wecken Sie seine Neugier? Und was könnte ihn dazu veranlassen, Ihr Schriftstück schon nach den ersten zwei Sätzen in den Papierkorb zu entsorgen?

Grundregel 2: Schreiben Sie, um etwas auszudrücken, nicht um zu beeindrucken!

Je mehr Papier uns täglich auf den Schreibtisch flattert, desto weniger sind wir gewillt, unsere Zeit mit inhaltslosen Ergüssen zu vergeuden. Der Grund, warum in manchen Unternehmen so großer Wert auf ein schriftliches Berichtswesen gelegt wird, ist, daß gerade damit eine sehr klare, kurze und präzise Ausdrucksweise möglich ist. Die Formulierung jedes Satzes kann exakter überlegt werden als beim gesprochenen Bericht. In unserer zweck- und sachorientierten Zeit gewinnen Sie daher mit blumigen Umschreibungen wenig Pluspunkte. Eine umständliche und unübersichtliche Briefgestaltung zählt zu den größten Zeiträubern im Büroalltag!

Grundregel 3: Planen Sie ein Schriftstück gewissenhaft!

Konzentrieren Sie sich auch hier genau auf Ihre Zielsetzung:

- Was wollen Sie ausdrücken, was ist Ihr Anliegen?
- In welcher Form soll es gestaltet, wie lang soll es sein?
- Welche Unterlagen oder Informationen benötigen Sie dazu?
- Wie ist der derzeitige Informationsstand des Empfängers?
- Wie sieht der zeitliche Rahmen aus?

Erstellen Sie eine Gliederung, und notieren Sie wichtige Stichwörter.

Grundregel 4: Formulieren Sie professionell!

- Halten Sie **die Sätze möglichst kurz,** und vermeiden Sie komplizierte Schachtelsätze. Je klarer und präziser Ihre Ausdrucksweise ist, desto besser: Vermeiden Sie daher Wörter wie „hätte“, „könnte“, „sollte“, „eventuell“, „gelegentlich“ usw.
- Treffen Sie **konkrete Aussagen,** und ersetzen Sie die Worte „man“, „es“, „alle“ möglichst durch „wir“, „ich“, „Sie“.
- Das Wort „müssen“ erzeugt in uns aufgrund der Erinnerung an die Kindheit eine negative Stimmung, streichen Sie es daher sowohl aus Ihrem schriftlichen als auch – wenn möglich – aus Ihrem gesprochenen Wortschatz.

- Eine **Aneinanderreihung von Hauptwörtern** („in Anlehnung an die Aufforderung zur Genehmigung der Unterzeichnung ...“) wirkt hölzern und leblos. Ihr Schriftstück landet in der Schublade mit der Aufschrift „Amtsdeutsch“!
- Vermeiden Sie auch eine **Aneinanderreihung von Vorwörtern** („... mit einer in ihrer an ein Original grenzenden Unverwechselbarkeit ...“).
- Ebenfalls auf der „schwarzen Liste“: **Doppelaussagen** („Rückantwort“), **Übertreibungen, „es ... daß“-Formulierungen und belehrende, schulmeisterliche Formulierungen.**
- Gehen Sie mit **Fremdwörtern** möglichst **sparsam** um! Es ist kein Zeichen von besonderer Bildung, wenn Sie den Usus der Termini technici auf ein Maximum aggravieren!

Grundregel 5: Achten Sie auf die äußere Form!

Die jeweilige Gestaltung eines Schriftstückes hängt von seinem Zweck ab. Ein offizielles Beileidsschreiben unterliegt anderen Formvorschriften als eine Werbeaussendung. Einige Grundregeln in der Gestaltung gelten aber für fast alle Schriftstücke:

- **Absätze** erleichtern das Lesen. Ein zu großer Textbrocken bleibt dem Leser leicht „im Hals stecken“. Je kleiner die „Textportionen“ sind, desto eher werden sie gelesen.
- Nehmen Sie nicht nur bei der Gestaltung Ihrer Visitenkarten Rücksicht auf die Sehkraft des Lesers: Eine **zu kleine Schrift** hat schon so manchen Leser in die Flucht geschlagen!
- **Heben Sie wichtige Textstellen hervor.** Besonders Zahlen und Daten sollen deutlich erkennbar sein. Sie helfen so dem Leser, sich auf Anhieb zu orientieren.
- Vermeiden Sie die **häufige Verwendung von Abkürzungen,** sie erschweren ebenfalls das Lesen.
  Achten Sie bei Geschäftsbriefen auf die aktuellen **Schriftverkehrsregeln und Normen!**

Grundregel 6: Die visuelle Gestaltung

Der erste Eindruck wird besonders durch das optische Erscheinungsbild eines Schriftstückes geprägt. Bevor Sie es also aus der Hand geben, lassen Sie einfach die Seite auf sich

wirken, ohne den Inhalt zu beachten. Wirkt der Gesamteindruck harmonisch? Macht er Lust aufs Lesen?
Gerade die vielfältigen Gestaltungsmöglichkeiten am PC verleiten zu einer besonders „kunstvollen" Ausgestaltung. Doch auch hier gilt: Weniger ist mehr!

- Verwenden Sie pro Seite **nicht mehr als maximal zwei verschiedene Schriftarten** und **nicht mehr als drei verschiedene Farben.**
- **Reduzieren** Sie die **Ziffern** auf die wirklich notwendige Anzahl.
- Wechseln Sie die **Schriftgröße nicht zu oft (maximal drei verschiedene).**

  Bedenken Sie dabei, daß ein vorgedrucktes Briefpapier Ihrer Firma meist schon ein Logo mit ein bis zwei Farben und eine unterschiedliche Schriftart und Größe aufweist. Für Sie ist das Briefpapier schon so selbstverständlich, daß Sie diese „Umrahmung" gar nicht mehr wahrnehmen. Aber im Auge des Betrachters trägt sie sehr wohl zum Gesamteindruck bei.

Grundregel 7: Achten Sie besonders auf Einleitung und Schluß!

Da Zeit besonders im Geschäftsleben zum knappen Gut und damit zur Kostbarkeit geworden ist, sucht jeder nach Möglichkeiten, Zeit zu sparen. In einschlägigen Fachbüchern und Schulungen wird daher u. a. auch dem rationellen Lesen von Schriftstücken Beachtung geschenkt. Aber auch wer noch keinen Kurs im Schnellesen absolviert hat, liest zunächst die Einleitung und danach den Schluß. Eventuell macht er es auch umgekehrt, aber der Rest des Textes wird erst dann näher betrachtet, wenn Einleitung und Schluß sein Interesse geweckt haben.

- Bedenken Sie diese Tatsache bei der Gestaltung Ihres Schriftstückes. **Anfang** und **Ende** sind die **wichtigsten Teile!** Vermeiden Sie daher gerade hier abgedroschene Floskeln!
- Beginnen Sie mit einer **positiven Formulierung,** stellen Sie eine partnerschaftliche Relation zum Leser her!
- **Beginnen** Sie zum Beispiel **mit** einer **Frage,** wecken Sie so das Interesse. – Wiederholen Sie in der Einleitung nicht Tat-

sachen aus vorherigen Schreiben oder Dinge, die ohnehin bekannt sind.
- **Vermeiden** Sie am Schluß **schwülstige, übertriebene Formulierungen oder inhaltsleere Floskeln.** Nehmen Sie gerade am Schluß noch einmal Bezug auf die Beziehung zum Empfänger, und fassen Sie Fakten und geplante Aktionen oder Wünsche nochmals zusammen.

8.3 Der erste Eindruck via Internet

Zu einem zentralen Kommunikationsmedium hat sich in den letzten Jahren das Internet entwickelt. Immer mehr Anwendungsmöglichkeiten stehen dem Benutzer, dem User, und dem Anbieter von Informationen zur Verfügung. Das Internet ermöglicht einen weltweiten, schier unbegrenzten Informationsaustausch. Damit können Informationen anonym abgefragt oder es kann direkt und interaktiv miteinander kommuniziert werden. Die Entwicklung dieses Mediums hat aufgrund ihrer Rasanz eine Eigendynamik entstehen lassen: Ich weiß zwar nicht so genau, wo ich auf dem globalen Datenhighway hingelange, aber ich will unbedingt mit! Der Ausdruck „Internet-Surfen" drückt dies ganz gut aus. Die Welle erfaßt den Surfer und treibt ihn mit atemberaubender Geschwindigkeit an einen unbekannten Strand. Und wenn es ihm dort nicht gefällt, surft er einfach mit der nächsten Welle weiter.
Dieses neue Medium hat daher ein völlig neues Kommunikationsverhalten geschaffen:

1. Die Kontaktaufnahme erfolgt meist unter den gleichen „Rahmenbedingungen", nämlich am PC-Arbeitsplatz. Im Unterschied zu einem Printmedium, das ich genausogut im überfüllten Bus oder im Kaffeehaus lesen kann, ist hier daher das Umfeld meist gleich. Der User ist also ausschließlich auf die Informationsaufnahme konzentriert und durch sein Umfeld weniger abgelenkt.
2. Die Zielsetzung ist meist klar: Man sucht Informationen, holt sich die Welt auf den Bildschirm – je rascher, desto besser!
3. Der User bleibt zunächst anonym: Wenn er nicht will, muß er nicht direkt mit dem anderen in Kontakt treten. Er hat zwar die

Stilblüten

Alle kennen die nachfolgenden Stilblüten nur zu gut. Tagtäglich finden sie sich in Ihrer Post, erblühen auf offiziellen Schreiben und bevölkern interne Rundschreiben. Nicht einmal die Privatlektüre ist frei davon!

„In Anbetracht und in Kenntnisnahme der derzeitigen Informationsverknappung des dargebotenen Datenmaterials sehen wir uns genötigt, unser monatlich erscheinendes Informationsmagazin für intermedialen Datentransfer interimistisch zu suspendieren.“

… die „Informationsverknappung“ möge nur ja recht lange andauern!

„Ich erlaube mir untertänigst die Bekanntgabe der bevorstehenden Vermählung unserer innigst geliebten Tochter, Schwester, Enkelin, Nichte und Cousine mit dem hoch ehrenwerten Herrn Oberamtsvorsteherkandidat, unserem lieben langjährigen Familienfreund Herrn Breitenhuber, unser lieber Peter, der uns wie ein Sohn ans Herz gewachsen ist!“

… so viele Hochzeiten auf einmal, ob das nur gutgeht!

„Letztendlich ersuchen wir Sie um alsbaldige Rückantwort, ob unsere Anfrage um Aufschubgewährung unseres fristgerecht eingebrachten Ansuchens einer wohlwollenden Prüfung Ihrerseits unterzogen werden könnte.“

… ob so viel Höflichkeit auf Wohlwollen stoßen wird?

„Wenn das Bild in Schritt 4 auf der vorvorigen Seite nicht scharf ist, gehen Sie vor wie in Schritt 7: drücken Sie die in Schritt 3 beschriebene Tastenfolge, um die Kanalauswahlprozeßauslösung zu aktivieren.“

… ich glaube, ich bleibe beim unscharfen Bild auf Seite – wo?

„Es wurde der Geschäftsleitung zugetragen, daß die unlängst aufgetauchte Vermutung der Unzulänglichkeit des Prüfprozesses ein alsbaldiges Handlungsgebot wünschenswert erscheinen läßt. Es wird daher ersucht, dem ehebaldigst Rechnung zu tragen!“

… wer fühlt sich da wohl angesprochen?

Möglichkeit dazu, kann sich aber per Mausklick sofort wieder in die Anonymität zurückziehen. Diese Tatsache beeinflußt sein Kommunikationsverhalten entscheidend.

4. Durch die genau definierten Auswahlkriterien und Icons kann der User die gewünschte Information sehr gezielt abfragen. Er kann sich sozusagen das Kommunikationspaket des Senders selbst zusammenstellen. Er muß nicht einfach hinnehmen, was der andere sendet, sich nicht alles anhören, was der Partner sagt. Daher setzt er seinen persönlichen Filter schon viel früher ein als z. B. bei einem Gespräch. Die Kommunikation via Internet wird so noch um ein weiteres Stück reduziert.
5. Fakten stehen im Vordergrund. Small talk und „um den heißen Brei herumreden" ist nicht angesagt.
6. Das Tempo bestimmt die Kommunikation. Das Motto lautet: Je rascher, je lieber. Der User wird ungeduldig, wenn der Aufbau einer Seite am Bildschirm länger als ein paar Augenblicke dauert. Die absolute Schmerzgrenze liegt laut Untersuchungen derzeit bei drei Sekunden, Tendenz sinkend!

Was bedeutet das nun für den ersten Eindruck? Was muß ich beachten, wenn ich via Internet z. B. an neue Kunden herantreten will?

- Der erste Eindruck ist im Internet besonders entscheidend: Der Empfänger will seine **Information rasch** und gesteht keine zweite Chance zu, wenn der Einstieg nicht klappt. Dauert der Aufbau der Seite zu lange, ist die Gefahr groß, daß er einfach „weitersurft".
- Der Empfänger kann die „Beziehung" jederzeit abbrechen – ein Mausklick genügt, und ich bin mit meiner Botschaft im wahrsten Sinne des Wortes „von der Bildfläche verschwunden". In seiner **Anonymität** muß sich der User nicht erst höflich verabschieden, wie er es bei einem direkten Kontakt tun sollte.
- Auf der anderen Seite habe ich ungeahnte Möglichkeiten, sein Interesse zu wecken: nicht nur das geschriebene Wort, die **visuelle** Darstellung, sondern auch **animierte Bilder und Ton** stehen mir zu Verfügung. Die Verlockung ist daher groß, möglichst viel in diesen Erstkontakt, in dieses Erstpaket hineinzupacken. Die Technik sprengt die „engen" Grenzen zwischenmenschlicher Kommunikation!

- Die rasante Entwicklung macht ein bewußtes Umgehen mit dem Medium besonders schwer. Die Gefahr, überrollt zu werden, ist groß. Selbst in der Werbebranche fällt es den meisten schwer, hier mitzuhalten. Obwohl ja gerade diese Branche sich von Berufs wegen schon lange mit der Macht des ersten Eindrucks befaßt und dessen Wirkung für alle anderen Medien stets beachtet, wird Werbung im Internet meist noch ziemlich unstrukturiert eingesetzt. Der Betrachter wird von einer Vielzahl verschieden ausgestalteter Werbebotschaften nahezu überfahren.

Nachfolgend wollen wir für Sie einige Grundsatzregeln herausgreifen, die uns besonders wichtig dafür erscheinen, eine Botschaft gekonnt über den Bildschirm zu bringen:

Regel 1: **Internet** ist ein neues Medium und verlangt daher auch neue Inhalte. Seitenlanger Fließtext eignet sich einfach nicht für eine Webseite. Passen Sie daher den Textinhalt an die „Websprache“ an. Dies gilt auch für **E-Mails:** Ihre Sprache ist meist besonders kurz, sachorientiert und formlos. Lange Begrüßungsformeln fallen weg, und die Ansprache erfolgt oft auch kürzer als in einem normalen Brief. Vollständige Sätze bilden meist die Ausnahme!

Regel 2: Lassen Sie sich nicht von der Gestaltungsvielfalt verleiten: Hier gilt der Grundsatz **„weniger ist mehr“** ganz besonders – gerade weil das Auge des Betrachters einer derartigen Vielfalt ausgeliefert ist: Text, Farben und Animationsmöglichkeit machen das Betrachten sehr ermüdend. Besonders zutreffend ist das z. B. beim Zeitunglesen via Internet: Neben dem eigentlichen Text strömt eine Vielzahl bewegter und statischer Bilder bzw. Farben auf den Betrachter ein. Diverse Werbeschriften am Rand der Homepage lenken vom eigentlichen Inhalt dermaßen ab, daß man leicht die Lust am Weiterblättern verliert. Beschränken Sie sich daher auf möglichst wenige Farben und einen kurzen, übersichtlichen Text.

Regel 3: **Bewegte Bilder** ziehen die Aufmerksamkeit besonders auf sich. Verwenden Sie daher diese Möglichkeit nur für **„Kernaussagen“** Ihrer Botschaft, nicht bloß als „Aufputz“. Auch die schönsten Fotos verlieren ihre Wirkung, wenn der Bildaufbau zu lange dauert (siehe Punkt 8.3). Wählen Sie daher lieber einfache, aber prägnante graphische Elemente.

Regel 4: Beachten Sie, daß nicht nur die graphische Gestaltung Ihrer Webseite auf das Auge des Betrachters wirkt, sondern daß es da noch die Bildschirmoberfläche (z. B. die Windows-Oberfläche), die Oberfläche des Providers bzw. des Online-Dienstes und schließlich auch noch das Logo am Bildschirm selbst gibt. Der **„Rahmen“** ist also mehr als **vielfältig** gestaltet: Auch wenn sich der User an all diese Vielfalt gewöhnt hat und sie nicht mehr bewußt wahrnimmt, so ist sie doch vorhanden und beeinflußt die Wahrnehmung. Es ist eben ein Unterschied, ob auf einer riesengroßen, leeren Hauswand ein einziges Plakat hängt oder eine kleine Werbung unter tausend anderen auf einer Internetseite erscheint!

Regel 5: Der Computer bietet schier **unbegrenzte Gestaltungsmöglichkeiten** auch für den Laien. Layout ist ein „Massensport“ geworden, jeder ist sein eigener Graphiker. Eine Vielzahl an „selbstgestrickten“ Visitenkarten, Werbebotschaften und anderen Drucksachen beweist dies. Der Einstieg als Anbieter ins Internet ist nicht billig und sollte daher professionell erfolgen. Nutzen Sie das Fachwissen von spezialisierten Internet-Agenturen, Webentwicklern und Multimedia-Designern. Wie wichtig Fachwissen in diesem Bereich ist, zeigt sich am neuen Berufsbild des Informations-Designers.

Regel 6: Machen Sie aus Ihrer **Internet-Botschaft keinen Irrgarten.** Die Möglichkeit, Hypertext-Links einzufügen und so dem Betrachter die Wahl zu lassen, wohin er weitersurft, ist verlockend. Wird die Auswahl aber zu groß, ist der User verunsichert, wie er sich weiter informieren soll. Sind dann die Icons noch dazu unübersichtlich und nicht benutzerfreundlich, ist der erste Eindruck eher negativ.

Regel 7: Springen Sie nicht um jeden Preis auf den neuen Medienzug auf. Viele Unternehmen gehen zum Beispiel nur deswegen in das Internet, weil die Konkurrenz dort auch schon vertreten ist. Überlegen und planen Sie den Internet-Einstieg sehr konkret. **Definieren Sie Ihre Ziele für Ihre Web-Site genau.** Der Betrachter Ihrer Web-Site erkennt, ob er ein durchdachtes „Informationspaket" vor sich hat oder nur heiße Luft. Nichts ist ärgerlicher, als beispielsweise einen angezeigten Link anzuklicken und die betreffende Seite ist noch nicht verfügbar!

Regel 8: Beachten Sie: Der **Bildschirm ist immer kleiner,** als man meint! Solange großflächige Bildschirme noch nicht zum Massenprodukt geworden sind, haben Sie nicht viel mehr als 30–35 cm zur Verfügung. Das ist wesentlich weniger als eine Seite in einer Tageszeitung.

Regel 9: Besonders die Möglichkeit, in eine interaktive Kommunikation mit dem User einzutreten, eröffnet neue Perspektiven. Nützen Sie diese Möglichkeiten! **Die E-Mails,** die Sie von Kunden, Interessenten, Mitarbeitern etc. erhalten, sind für Sie und Ihre KollegInnen bzw. MitarbeiterInnen ein **wertvolles Feedback.**

Regel 10: Das Internet ist ein besonders dynamisches Medium. Die Geschwindigkeit, mit der Informationen veralten, ist hier noch um ein Vielfaches höher als bei den Printmedien. Tragen Sie dieser Geschwindigkeit Rechnung, und aktualisieren Sie Ihre Web-Site wöchentlich. Nur so bleiben Sie für den User interessant.

Das Internet eröffnet uns eine völlig neue, bunte und unendlich vielfältige Medienwelt. Viele meinen, hier liege die eigentliche Zukunft der Kommunikation. Aber diese Zukunft entsteht zunächst nur in unseren Köpfen. Wie wir sie dann „nutzerfreundlich" auf den Bildschirm bringen, wird entscheiden, ob wir in diesem neuen Medium erfolgreich sind oder nicht. Gerade hier ist der positive Einstieg wichtig. Kein anderes Medium ist aufgrund seiner Geschwindigkeit so sehr vom ersten Eindruck geprägt wie das Internet. Bedenken Sie daher bei all der Vielfalt, daß gerade dieses Medium eine besondere Anforderung an die Aufnahmefähigkeit des Benutzers stellt. Vergessen Sie daher nie, die Brille des Users aufzusetzen!

8.4 Weitere „mediale Fallen", die die neue Telefontechnologie aufweist

Neben dem „klassischen" Telefon gibt es noch einige andere Telefonmedien, die sich in den letzten Jahren zur „Grundausstattung" in der Kommunikation entwickelt haben. Sie bieten jeweils eine Reihe von Möglichkeiten, die unser Kontaktverhalten entscheidend mitgeprägt haben. Wir sind dadurch zunehmend immer und überall erreichbar, können also fast unbegrenzt mit anderen in Kontakt treten. Aber diese Informationsübermittler haben auch ihre Tücken – wer diese nicht beachtet, hat oft den ersten Eindruck negativ gestaltet. Und gerade hier gibt es keine zweite Chance für den ersten Eindruck!

1. Fax

Das Faxgerät hat die schriftliche Kommunikation revolutioniert!

- Die Geschwindigkeit, mit der ein Schriftstück beim Empfänger ankommt, ist unvergleichlich höher als per Post. Wie geschrieben, so gelesen – kaum habe ich ein Dokument fertiggestellt, kann ich es per Mausklick oder Tastendruck an das Faxgerät weiterleiten, und unmittelbar danach hält es der Empfänger in Händen. Das verleiht der **schriftlichen Kommunikation** eine **Unmittelbarkeit,** die an das gesprochene Wort heranreicht.
- Ein Fax benötigt kein Kuvert, keine spezielle Papierqualität und somit keinen speziellen „Rahmen" wie etwa ein Brief. Die Qualität des Papiers und des Druckes hängt vom Gerät des Empfängers ab: hat er ein Thermopapier-Fax, nutzt mir mein schönstes Bütten-Briefpapier nichts – der erste Eindruck ist der gleiche wie beim billigsten Papier. Und mein kreatives Firmenlogo erscheint auch nur schwarzweiß und dazu noch verschwommen.

Diese beiden Tatsachen haben bewirkt, daß sich die Gestaltung eines Faxes sehr vom klassischen Brief unterscheidet:

- Auf die äußere Form wird wesentlich weniger Wert gelegt. Aufgrund der vielfach noch immer schlechten Druckqualität hat man sich offensichtlich abgewöhnt, das Erscheinungsbild sonderlich zu beachten. Es geht um die reine Übermittlung von Fakten, und das möglichst rasch.

➟ Wählen Sie nicht einfach ein Standarddeckblatt aus dem Angebot Ihrer Software, sondern gestalten Sie Ihr eigenes Deckblatt bewußt: Ihr Logo sollte ebenso darauf vertreten sein wie alle notwendigen Informationen (Firmenname Sender, Firmenname Empfänger, eigener Name und Telefonnummer, Faxnummer, Datum, Anzahl der Seiten) in übersichtlicher Form.

- Der Inhalt ist meist genau so formlos wie das Erscheinungsbild. Ähnlich wie bei der E-Mail geht es nur um den raschen Transport einer Botschaft. Für Höflichkeitsfloskeln bleibt da meist kein Platz. Oft werden zur eigenen Mitteilung noch andere Unterlagen mitübertragen, die optisch völlig gleich erscheinen. Der Unterschied zwischen Brief und Beilagen ist somit nicht so augenfällig wie beim herkömmlichen Brief – was offensichtlich dazu verleitet, weniger Augenmerk auf die Formulierung des Briefes zu legen. Andererseits verschwinden so hoffentlich überholte schwülstige Formulierungen aus dem Schriftverkehr!

  ➟ Übertreiben Sie die neue Sachlichkeit nicht: Es ist grundsätzlich im Sinne des Empfängers, wenn er sich nicht erst durch umständliche Formulierungen kämpfen muß und dafür schneller zu den Fakten vorstößt, aber ein Rest an „Schreibkultur" sollte doch erhalten bleiben. Formulieren Sie daher kurz, prägnant und bestimmt – aber vergessen Sie nicht, trotzdem noch auf die Grammatik zu achten. Die richtige Anrede ist auch bei einem Fax notwendig. Warum soll der „Sehr geehrte Herr Doktor Rau" plötzlich mit „Lieber Rau" betitelt werden?

2. Der Anrufbeantworter

Ist Ihr Telefon nicht besetzt, stellt ein Anrufbeantworter ein nützliches Hilfsmittel dar, um trotzdem den Kommunikationskanal Telefon zu nutzen. Der Anrufer hat die Möglichkeit, sein Anliegen trotzdem vorzubringen, und hofft auf einen Rückruf. Sein erster Eindruck wird hier vom Ansagetext geprägt. Er ist unpersönlich, und viele

Menschen haben nach wie vor eine Hemmschwelle gegenüber diesem Gerät zu überwinden. Das erste Gefühl, das der Anrufer verspürt, ist Enttäuschung, daß der gewünschte Gesprächspartner nicht für ihn erreichbar ist. Sie müssen daher mit Ihrem Text dieses negative erste Gefühl überwinden. Schenken Sie Ihrem Ansagetext daher besondere Beachtung!

➞ Ihr Text sollte alle wichtigen Informationen enthalten: Ihren Namen, ev. den Hinweis auf ein Faxgerät und ev. die Information, wann Sie wieder zu sprechen sind. Packen Sie aber nicht zuviel Information in den Text: mehr als drei Fakten kann der Anrufer meist nicht aufnehmen!

➞ Achten Sie darauf, daß der Text langsam und deutlich gesprochen wird. Machen Sie Pausen, besonders am Anfang. Sie geben so dem Anrufer die Chance, sich auf die Situation einzustellen und die Information aufzunehmen.

➞ Entschuldigen Sie sich, daß Sie das Gespräch nicht persönlich entgegennehmen können. Sie reagieren so auf das oben erwähnte Gefühl der Enttäuschung beim Gesprächspartner.

➞ Die Stimme, die den Text spricht, sollte so positiv und freundlich wie nur möglich klingen. Bei Firmenanrufbeantwortern muß daher nicht unbedingt der Chef den Text besprechen. Es ist völlig egal, welche Funktion in der Firma die „Stimme" innehat – Hauptsache, es ist die beste Telefonstimme!

➞ Achten Sie darauf, daß Sie den richtigen Text eingeschaltet haben, sollten Sie verschiedene Texte verwenden. Es ist einfach peinlich, an einem Mittwoch den „Wochenendtext" vorgesetzt zu bekommen oder um 10 Uhr vormittags mit dem Satz begrüßt zu werden: „Wir haben Feierabend! Bitte rufen Sie uns morgen wieder an!"

➞ Schalten Sie den Anrufbeantworter wirklich nur ein, wenn Sie nicht erreichbar sind – speziell in Firmen wirkt es sehr negativ, wenn man zu normalen Bürozeiten nur den „Mann vom Band" zu hören bekommt!

➞ Kontrollieren Sie gelegentlich durch einen Kontrollanruf Ihren eigenen Anrufbeantworter. Oft funktioniert das Band nicht mehr einwandfrei, und der letzte, der das mitbekommt, sind Sie!

- Wenn Sie feststellen, daß viele Anrufer nicht auf Ihr Band sprechen, sondern gleich nach Ende Ihres Textes wieder auflegen, sollten Sie hinterfragen, ob das vielleicht an Ihrem Text liegt – ändern Sie ihn sicherheitshalber!

- Rufen Sie auch wirklich zurück, wenn Sie jemand darum bittet! Der perfekteste Text und somit der gute erste Eindruck sind nutzlos, wenn Sie als unverläßlich eingestuft werden und so der persönliche erste Eindruck fehlt!

3. Das Mobiltelefon

Graham Alexander Bell hat den entscheidenden Teil seiner Erfindung verpaßt: Das gute, alte Telefon sieht in Zeiten der „Handymania" ziemlich alt aus! Es scheint, als wäre das Handy der Durchbruch zur großen Freiheit in der Kommunikation. Auch schon für Jugendliche ist es wesentlich „cooler", per Mobiltelefon miteinander zu kommunizieren, als sich persönlich zu treffen.
Bei aller Begeisterung für diese Errungenschaft – der Vorteil liegt hier mehr beim Sender als beim Empfänger der Botschaft. Denn meist stören Nebengeräusche oder technische „Aussetzer" das Gespräch.
Und irgendwie werde ich beim Telefonieren mit einem Mobiltelefon den Eindruck nicht los, der Gesprächspartner sei durch seine Umgebung – egal ob Autobahn, Restaurant oder Schwimmbad – abgelenkt. Mein erster Eindruck ist daher: Ich spiele nur die zweite Geige!
Wollen Sie diesen Eindruck bei Ihren Mobiltelefongesprächen vermeiden, sollten Sie auf folgende Punkte achten:

- Telefonieren Sie auch im eigenen Interesse nach Möglichkeit an einem ungestörten Platz. Sie können sich so besser konzentrieren und sich ganz dem Gesprächspartner widmen – der merkt es und weiß es zu schätzen!

- Ein weiterer Aspekt, der meiner Meinung nach besonders bei geschäftlichen Gesprächen viel zu sehr vernachlässigt wird, ist die Tatsache, daß die Umwelt mithört. Ich habe schon so manche „Geschäftsgeheimnisse" unfreiwillig mit anhören müssen, z. B.

vom Nebentisch oder im Großraumwaggon. Eine vertrauliche Gesprächsatmosphäre entsteht so nicht als erster Eindruck.

- Wenn Sie zum Beispiel im Auto unterwegs sind und merken, daß der Empfang gerade nicht so optimal ist, dann lassen Sie das Telefonieren lieber ganz bleiben. Nichts ist frustrierender als ein Gespräch, das mitten im ersten Satz unterbrochen wird. Ebenso sollten Sie auch auf die Funktionstüchtigkeit Ihres Akkus achten, und zwar vor jedem Gespräch!
- Wenn Sie Ihr Mobiltelefon ausgeschaltet haben, dann ist eine Umleitung zu Ihrer Firma (für Geschäftsgebrauch) oder zu Ihrem Anrufbeantworter sinnvoll. Trotzdem bleibt auch hier wieder ein Gefühl der Enttäuschung beim Anrufer zurück: „Da hat der schon ein Handy und ist trotzdem nie erreichbar!"
- Akzeptieren Sie höfliche Aufforderungen, in bestimmten Räumlichkeiten (z. B. Arztpraxis, technische Büros) das Telefonieren per Mobiltelefon aufgrund von technischen Störfaktoren zu unterlassen.

Verwechseln Sie Dynamik in der Kommunikation nicht mit Hektik. Wenn Ihr Gesprächspartner gar nicht merkt, daß er von einem Mobiltelefon angerufen wird, haben Sie diese größte Errungenschaft seit Graham Alexander Bell ideal eingesetzt!

Die Geschichte von der Fee, dem gestiefelten Kater und dem Spinnennetz

Als der gestiefelte Kater wieder einmal durch den Märchenwald eilte, traf er eine lustige kleine Fee. Sie saß unter einem großen Fliegenpilz und tippte in einem kleinen schwarzen Kästchen herum.

„Was tust du da?“ fragte der gestiefelte Kater. „Ich surfe im Internet!“ piepste die Fee. „Waaas?“ fragte der Kater erstaunt. „Surfen kann man doch nur auf den Wellen, im Wasser! Erzähl mir keine Märchen!“ „Doch, das stimmt!“ behauptete die Fee, „ich kann mit meinem Computer hier um die ganze Welt surfen!“ „Und warum sitzt du dann noch immer unter diesem Fliegenpilz?“ fragte der Kater. „Weil ich eine Steckdose mit Strom und ISDN-Anschluß brauche, und die gibt es nur hier bei diesem Fliegenpilz“, erklärte die kleine Fee geduldig.

Die nächsten Stunden verbrachte der gestiefelte Kater aufmerksam beobachtend neben der kleinen Fee. Er war fasziniert von dieser neuen, bunten Welt, die da auf dem Bildschirm erschien. „Das ist ja noch viel toller als das große Zauberbuch vom mächtigen Zauberer!“ rief er immer wieder. Er bewunderte die kleine Fee, die so gut mit diesem „Teufelsbuch“ umgehen konnte. „Wo hast du das gelernt?“ fragte er sie. „Ach, das ist eine lange Geschichte. Ich habe mich einmal zu den Menschen verirrt und mich in einem hohen, gläsernen Haus versteckt. Am Tag ging es dort zu wie in einem Ameisenhaufen: Die Menschen eilten herum, trugen Taschen und große Bücher, die sie Aktenordner nannten, herum und stopften in beides immer neue Papiere hinein, die sie vorher randvoll beschrieben hatten. Manchmal setzten sie sich an lange Tische und redeten, redeten und redeten. Dann saßen sie wieder vor diesen komischen Apparaten, hielten sich einen komischen schwarzen Griff ans Ohr und sprachen mit diesem Ding, als ob es ein Mensch wäre. Das Ding, das irgendwie aussah wie eine schwarze Banane, schien aber auch zu antworten! Manchmal läutete es, dann eilten die Menschen sofort hin und ließen alles andere liegen und stehen. Ich glaube, dieses Ding war sehr mächtig!“

„Das ist ein Telefon!" sagte der gestiefelte Kater stolz, „das habe ich bei der alten Hexe im Fernsehen gesehen!"

„Die alte Hexe hat einen Fernseher?" fragte die kleine Fee erstaunt.

„Ja, als sie Hänsel und Gretel freiwillig herausgerückt hat, haben ihr die Eltern der beiden zum Dank einen Fernsehapparat geschenkt. Seitdem hat sie völlig vergessen, kleine Kinder in ihr Lebkuchenhaus zu locken. Sie sitzt den ganzen Tag vor diesem Kasten!" erklärte der Kater und war froh, auch eine Neuigkeit zu wissen. „Erzähl weiter von den Menschen!"

„Also, ich versteckte mich den ganzen Tag über in einem Blumentopf, und nur in der Nacht, wenn es im Ameisenhaufen ruhig wurde, habe ich mich umgesehen. Auch nachts läutete dieses Telefon manchmal, und ich dachte, nur gut, daß dieses Ding mit einer Schnur an den kleinen Kasten angebunden ist, sonst würde ich mich wirklich davor fürchten! Bis ich herausfand, daß es diese Dinger auch ganz ohne Schnur gibt! Die Menschen haben es in den Taschen stecken, in ihren Anzügen oder Handtaschen. Und wenn es läutet, beginnen alle hektisch zu suchen, weil keiner weiß, ob jetzt gerade seines läutet. Das hält die Menschen ganz schön auf Trab, kann ich dir sagen!" Der gestiefelte Kater nickte verständnisvoll: „Arme Menschen!"

„Aber meist sitzen die Menschen im Ameisenhaufen vor diesen Kästen, die sie Computer nennen!" erzählte die kleine Fee weiter. „Ich habe bald herausgefunden, daß sie ihre gesamte Weisheit da drin gespeichert haben. Ohne diese Tasten geht gar nichts. Immer wenn sie nicht weiter wissen, starren sie auf den Bildschirm. Immer wenn sie etwas Neues erfahren, tippen sie es sofort in den Kasten. Und sogar wenn sie miteinander reden, schauen sie mehr auf den Bildschirm als sich gegenseitig ins Gesicht!"

„Faszinierend!" rief der Kater.

„Ja, und einmal hat so ein Mensch am Abend vergessen, den Computer abzudrehen, und so habe ich begonnen, auf dem Ding zu spielen. Das war gar nicht so schwer, ich habe ja lange genug zugesehen. Und so habe ich auch herausgefunden, daß sie mit diesen Computern sogar miteinander verbunden sind, egal in

welchem Ameisenhaufen sie gerade stecken, überall auf der ganzen Welt. Wie unsichtbare Autobahnen gehen da ganze Spinnennetze rund um die Welt!“
„Und auch durch unseren Märchenwald?“ fragte der Kater ungläubig.
„Aber klar, überall hin! Und man kann alle Informationen da in diesem Internet – so heißt dieses riesige Spinnennetz – immer und überall anschauen. Und das nennen die Menschen dann Internet-Surfen!“
Der gestiefelte Kater zog sich einen Stiefel aus und kratzte sich nachdenklich die Ferse. „Das heißt, sie brauchen gar nicht mehr aus ihren Ameisenhaufen heraus, sie können sich alles über den Computer hereinholen ...“, überlegte er, „auch Märchen?“ „Aber klar“, meinte die Fee, „alle Märchen, die irgendwer einmal hineingeschrieben hat.“
„Da bin ich nur froh, daß die Menschen nicht alle Märchen kennen, sonst wäre ja unser ganzer Märchenwald überflüssig!“ überlegte der Kater.
Die kleine Fee zeigte ihm noch einige interessante Dinge im Internet, und der Kater staunte nicht schlecht. Plötzlich merkten sie, wie es dunkel wurde. „Puh, wie mit diesem Ding die Zeit vergeht!“ rief der Kater. „Ja, da haben die Menschen auch ihre Probleme damit. Es geht alles so toll schnell mit dem Computer, und trotzdem sitzen sie immer länger vor dem Bildschirm und tippen immer verbissener darin herum. Irgendwie seltsam!“ überlegte die Fee.
„Das ist eben wie bei einem echten Spinnennetz“, meinte der Kater. „Da kann man sich auch leicht darin verfangen.“
Dann zog er sich seinen Stiefel wieder an, sprang auf und rief: „Aber jetzt muß ich schnell zur Hexe, meine Lieblingssendung, die Sendung mit der Maus, beginnt gleich!“ Und er rannte eilig davon ...

9. Wenn der erste Eindruck über die Zukunft entscheidet

9.1 Anlässe, bei denen Sie besonders im Mittelpunkt stehen

Es gibt Situationen, da lernt man in angenehmer Atmosphäre neue Leute kennen, plaudert ein wenig, lacht und unterhält sich gut – und knüpft so nebenbei den einen oder anderen wichtigen Kontakt. Unter diesen Bedingungen fällt es leicht, offen und positiv auf andere zuzugehen. Man denkt nicht ständig darüber nach, wie man gerade auf die anderen wirkt. Und gerade deshalb ergibt sich ein guter erster Eindruck ganz von selbst.

Es gibt aber auch Situationen, da weiß ich ganz genau um die Bedeutung meines Auftretens. Ich weiß, es hängt sehr viel davon ab, wie der andere mich aufnimmt. Nur wenn ich auch wirklich den bestmöglichen Eindruck hinterlasse, habe ich Chancen, mein Ziel zu erreichen. Besonders „dramatisch" wird die Situation, wenn ich dabei auch noch im Mittelpunkt des allgemeinen Interesses stehe. Alle Augen sind erwartungsvoll auf mich gerichtet, und mein „Auftritt" beginnt. Hundert Dinge gehen mir durch den Kopf: Ich bemühe mich um eine offene Körpersprache, ein gewinnendes Lächeln, versuche, meine schweißnassen Hände nicht um meine Tasche zu verkrampfen, fest auf beiden Beinen zu stehen, krame meine vorbereiteten „Einstiegsworte" aus den hintersten Windungen meines Gedächtnisses hervor. Ich atme tief durch, um das Lampenfieber in den Griff zu bekommen (Ich erinnere mich daran, daß ich das Lampenfieber ja eigentlich toll finden sollte, weil es mir hilft, Spitzenleistungen zu vollbringen; das habe ich zumindest im letzten Ratgeber gelesen!), und hoffe inständigst, daß mich meine Stimme nicht im entscheidenden Augenblick verläßt! Ob soviel aktives Bemühen noch einen positiven ersten Eindruck zuläßt?

Hier wird deutlich, wo die Grenzen aller guten Tips und Ratschläge für eine optimale Verhaltensweise liegen. Je mehr Sie sich bemühen,

auf alle Details Ihres Erscheinungsbildes zu achten, desto verkrampfter können Sie wirken. Diese Bemühungen bremsen die Spontaneität. Die natürliche Ausstrahlung verliert sich im Mantel der künstlichen Äußerlichkeiten. Die Originalität, die Ihre Persönlichkeit ausmacht, ist nicht mehr erkennbar. Was zu einem perfekten Auftritt werden sollte, wird zum Desaster!
Ist es also sinnlos, auf die guten Ratschläge zu hören? Haben Sie dieses Buch bis hierher umsonst gelesen?
Keine Angst, es ist nicht sinnlos, sich mit seinem Verhalten in wichtigen Situationen kritisch auseinanderzusetzen. Und es gelingt sehr wohl, einige Ratschläge zu befolgen und trotzdem nichts von seiner unverwechselbaren Natürlichkeit zu verlieren.

Wie das geht? Das folgende 7-Schritte-Programm soll Ihnen dabei helfen:

Schritt 1: Prüfen Sie jeden Tip zum perfekten ersten Auftritt genau. Nur wovon Sie wirklich überzeugt sind, werden Sie auch in Ihr Verhalten integrieren können. Nicht jeder Tip ist für jeden Menschen gleich passend. Wir sind Gott sei Dank keine austauschbaren Maschinen. Es geht auch nicht darum, Ihre Persönlichkeit zu verändern, sondern darum, Ihre Stärken hervorzuheben!

Schritt 2: Es hat wenig Sinn, sich erst unmittelbar vor einem entscheidenden Termin Gedanken über seinen ersten Eindruck zu machen. Setzen Sie sich schon länger vorher mit diesem „Problem“ auseinander. Je öfter Sie einzelne Verhaltensweisen wie zum Beispiel die offene Körpersprache trainieren, desto selbstverständlicher werden sie Ihnen bei Ihrem großen Auftritt gelingen.

Schritt 3: Legen Sie vor wichtigen Auftritten besonderes Augenmerk auf eine gewissenhafte Vorbereitung. Beachten Sie dabei alle in Kapitel 4 behandelten Punkte. Erstellen Sie rechtzeitig eine genaue Checkliste, was Sie am „großen Tag“ nicht vergessen dürfen. Suchen Sie Ihre Garderobe sehr sorgfältig aus: Fühlen Sie sich wohl darin? Ist sie bequem? Ist Ihnen zu heiß?

Schritt 4: Versetzen Sie sich in Ihre Zuhörer, Ihren Gesprächspartner. Was erwartet man von Ihnen? Wie perfekt muß Ihr Auftritt wirklich sein? Sind die anderen alle geübte Rhetorikprofis, oder hätten sie genauso Lampenfieber vor dem großen Auftritt? Meist hat man nämlich vor einem größeren Publikum immer den Eindruck, alle würden jede Unsicherheit sofort merken und könnten es sicher besser. Und das stimmt mit Sicherheit nicht! Denken Sie daran, daß das auch „normale" Menschen mit Stärken und Schwächen sind, die sicher nicht nur darauf warten, daß bei Ihnen etwas schiefläuft!

Schritt 5: Analysieren Sie die bevorstehende Situation genau: Was macht sie so wichtig? Wovor haben Sie dabei Angst? Auf was freuen Sie sich? Je öfter Sie sich Ihre Ängste vergegenwärtigen, desto mehr verlieren sie an Kraft. Und je öfter Sie sich vorstellen, wie Sie die Situation erfolgreich meistern, desto eher glauben Sie an sich und Ihre Fähigkeiten!

Schritt 6: Konzentrieren Sie sich auf den Inhalt, nicht auf den Rahmen. Sie haben ein Anliegen, von dem Sie überzeugt sind. Besinnen Sie sich nicht nur auf Ihre kommunikative, sondern auch auf Ihre soziale Kompetenz: auf Ihre Fähigkeit, mit anderen Menschen gut umgehen zu können, andere in das Zentrum Ihres Interesses zu stellen. Wenn es Ihnen gelingt, Ihrem Gegenüber zu vermitteln, daß Sie an ihm interessiert sind, daß Sie Ihr Publikum mögen, wird man Sie positiv aufnehmen, auch wenn Ihr Auftritt nicht bühnenreif ist.

Schritt 7: Lassen Sie sich nicht vom Kurs abbringen, wenn Unvorhergesehenes passiert. Sehen Sie gerade schwierige Situationen als Herausforderung, als Chance. Wer nichts riskiert, gewinnt auch nichts. Denken Sie an Ihren persönlichen Gewinn, wenn Sie eine schwierige Situation meistern: Sie gewinnen an Selbstvertrauen! Wir haben die Beobachtung gemacht, daß gerade im Berufsleben viele Menschen das Gefühl haben, versagt zu haben, nicht weil sie eine schwierige Situation „vermasselt“ haben, sondern weil sie die Herausforderung erst gar nicht angenommen haben!

Es gibt kein allgemeingültiges Rezept für das richtige Verhalten – es gibt nur Ihr persönliches Rezept, um Ihre ganz spezielle Ausstrahlung zur Wirkung zu bringen. Es geht dabei nicht um aalglatte Perfektion, sondern um echt empfundene und vermittelte Gefühle. Wenn Ihr Publikum bzw. Ihr Gesprächspartner Ihre Ehrlichkeit, Ihre Überzeugung und Ihre Emotionen spürt, haben Sie schon fast gewonnen.

9.2 Das Vorstellungsgespräch

Eine typische Situation, bei der der erste Eindruck über die Zukunft entscheiden kann, ist das Vorstellungsgespräch.
Es ist eine Tatsache, daß die meisten Chefs ihre zukünftigen Mitarbeiter hauptsächlich nach den Kriterien Sympathie und gleiche Wellenlänge aussuchen. Die fachlichen Kriterien sind dabei wichtig, aber nicht ausschlaggebend. Das ist auch durchaus gut so, denn jemand, mit dem man künftig intensiv zusammenarbeitet, muß auch von seiner Persönlichkeit her ins Team passen. Sonst nützen die besten fachlichen Voraussetzungen nichts, wie es unser Schulungsalltag immer wieder bestätigt.
Viele Chefs wollen sich diese Tatsache jedoch nicht eingestehen. Sie meinen, nach rein logischen Argumenten zu entscheiden. Manche tun das auch wirklich, ohne auf ihr Gefühl zu hören. Und wundern sich dann, warum das Verhältnis zu diesem Mitarbeiter nicht klappt. Er war doch eindeutig der am besten Qualifizierte! Aber irgendein Gefühl hat einem ja gleich gesagt, daß das nichts wird mit dem!

Hier stoßen wir schon an einen der wichtigsten Aspekte beim Vorstellungsgespräch:
Der positive erste Eindruck ist keine einseitige Sache. Viele Bewerber haben nämlich das Gefühl, daß es nur darauf ankommt, selbst den bestmöglichen Eindruck zu hinterlassen. Genauso wichtig ist jedoch umgekehrt, daß auch der zukünftige Chef beim neuen Mitarbeiter einen positiven Eindruck hinterläßt. Und meist geht das auch

Hand in Hand: man merkt sofort, ob die gemeinsame Wellenlänge da ist.
Würden sich die Stellenbewerber dieser Tatsache etwas mehr bewußt sein, wären sie etwas weniger nervös. Nicht nur sie müssen sich anstrengen, sondern auch der Gesprächspartner. Schließlich will er ja auch etwas für ihn Wichtiges erreichen, nämlich einen guten Mitarbeiter zu finden!

Denken Sie also vor Ihrer nächsten Bewerbung daran: Ein Vorstellungsgespräch ist keine einseitige Herausforderung!

1. Die richtige Vorbereitung auf ein Vorstellungsgespräch

Bevor Sie überhaupt zu einem Vorstellungsgespräch eingeladen werden, müssen erst Ihre schriftlich eingesandten Bewerbungsunterlagen für gut und interessant genug befunden worden sein. Das bedeutet, daß Sie schon hier einen ersten Eindruck hinterlassen. Meist bewerben sich heute eine Vielzahl von Leuten für einen bestimmten Job. Oft sind auch noch viele davon aufgrund ihrer Qualifikationen bestens geeignet. Trotzdem werden nur die Interessantesten eingeladen. Und Sie haben diese erste, schwierige Hürde genommen. Wenn das kein Grund ist, das eigene Selbstvertrauen aufzupolieren ...

- Einige Fragen, die Sie sich über das Unternehmen stellen sollten:
  - Wie sehen die genauen Besitzverhältnisse aus?
  - Wie ist die derzeitige wirtschaftliche Lage des Unternehmens/der Branche?
  - Wie viele Mitarbeiter beschäftigt das Unternehmen?
  - Was zeichnet die Produkte/Dienstleistungen aus?
  - Welches Image hat das Unternehmen?
  - Welche Hauptkonkurrenten gibt es?
  - Auf welchen Märkten ist das Unternehmen tätig?
  - Wie könnte die Zukunftsstrategie aussehen? Wie die Unternehmensleitbilder?

- Mögliche Informationsquellen sind für Sie:
  - Direkt bei der Firma angefordertes Informationsmaterial: Prospekte, Broschüren, Geschäftsberichte etc.
  - Wirtschaftsteil der Tageszeitungen und Fachzeitschriften

  - ◇ Nachrichten in Radio oder TV
  - ◇ Die Handelskammer
  - ◇ Fachvorträge
  - ◇ Freunde und Bekannte

- Unterscheiden Sie bei Ihren Informationen zwischen Klatsch und seriösen Fakten. Nichts ist peinlicher, als wenn Sie sich beim Vorstellungstermin auf Gerüchte berufen.
- Überlegen Sie einige für Sie interessante Fragen zum Unternehmen, die einerseits Ihr Interesse, aber auch Ihre Fachkenntnis widerspiegeln, zum Beispiel:
  - ◇ „Welche neuen Aktivitäten plant das Unternehmen?"
  - ◇ „Was unterscheidet die Produkte/Dienstleistungen von anderen auf dem Markt?"
  - ◇ „Wo liegen die Schwerpunkte in der Unternehmenstätigkeit?" u. ä. m.
- Genauso wichtig sind Fragen zu Ihrem unmittelbaren zukünftigen Arbeitsbereich:
  - ◇ „Wie sehen die internen Abläufe aus?"
  - ◇ „Welche Kompetenzen sind mit der Stelle verbunden?"
  - ◇ „Gibt es eine genaue Stellenbeschreibung?"
  - ◇ „Wer wird der hauptsächliche Ansprechpartner?"
  - ◇ „Wie sieht das Team aus?"
  - ◇ „Wie sehen die Zukunftsperspektiven aus?"
  - ◇ „Welche Fort- und Weiterbildungsmöglichkeiten gibt es?"
- Schreiben Sie Antworten auf Fragen auf, die Sie möglicherweise gestellt bekommen werden. (Siehe Kasten auf Seite 150 f.) Üben Sie die Gesprächssituation in einer Art „Trockentraining" mit einem Partner. Auch wenn das tatsächliche Gespräch dann völlig anders verlaufen wird – Sie gewinnen damit Sicherheit und prägen sich einige Standardformulierungen ein.
- Wählen Sie Ihr Outfit sehr sorgfältig aus. Grundsätzlich gilt beim Vorstellungsgespräch die Regel „Weniger ist mehr!" ganz besonders. Wer versucht, mit seinen körperlichen „Vorzügen" – egal ob durch hautenge Minikleider oder zu eng sitzende Hosen – zu punkten, disqualifiziert sich selbst. Dezente, qualitativ hochwertige Mode ist angesagt. Dunkle Farben wirken dabei grundsätzlich

dezenter, aber das soll nicht heißen, daß Sie unbedingt im obligatorischen dunkelblauen Kostüm oder dunkelgrauen Anzug erscheinen müssen. Wählen Sie lieber eine Farbe, die Ihnen gut steht und trotzdem nicht vom Wichtigsten, nämlich Ihrer Persönlichkeit ablenkt. Versuchen Sie auch Ihrem Stil treu zu bleiben, egal ob Sie sich in einer Anwaltskanzlei oder einer Werbeagentur bewerben. Wenn Sie nun einmal nicht der Typ für trendige Outfits sind, sollten Sie sich auch nicht so „verkleiden", nur um Ihre Kreativität unter Beweis zu stellen. Dasselbe gilt für Schmuck, Accessoires, Parfüm und Frisur. Verwenden Sie lieber mehr Deo als üblich, und putzen Sie Ihre Schuhe noch einmal. Ein rundum gepflegtes Erscheinungsbild versteht sich von selbst!

- Informieren Sie sich genau über den Anfahrtsweg, die Verkehrsmittel und die Parkmöglichkeiten. Planen Sie genügend Pufferzeit ein.

2. Das richtige Verhalten beim Gespräch

- Achten Sie auf **Pünktlichkeit:** Nicht nur eine Verspätung macht einen schlechten Eindruck, auch wer eine Viertelstunde zu früh kommt, beweist ein mangelhaftes Zeitmanagement. Der Gesprächspartner fühlt sich vielleicht unter Druck gesetzt, weil er vorher noch etwas erledigen wollte – kein guter Start für Sie!

- **Begrüßen Sie die Sekretärin besonders freundlich,** strahlen Sie sie ruhig an, üben Sie die offene Körpersprache. Es ist durchaus wichtig, zur „Vorzimmerdame" von Anfang an einen guten Draht zu haben. Nicht selten fragen Chefs auch ihre Sekretärin nach deren Eindruck. Wer sich zu gut dafür ist, eine Sekretärin freundlich zu grüßen, der wird vom neuen Team kaum begeistert aufgenommen werden.

- Wenn das Vorstellungsgespräch in der kalten Jahreszeit stattfindet, ziehen Sie den **Mantel** unbedingt aus, und fragen Sie notfalls höflich, wo Sie ihn ablegen können, wenn Sie nicht ohnehin dazu aufgefordert werden. Lassen Sie ihn aus Verlegenheit einfach an, riskieren Sie vorzeitige Schweißausbrüche. Meist wird Ihnen ohnehin noch warm genug!

- Ein **schweißnasser Händedruck** ist kein guter Einstieg. Drücken Sie daher unauffällig Ihre rechte Hand unmittelbar vor dem Eintreten ins „Chefbüro" noch einmal fest um ein Stofftaschentuch – das löst das Problem.
- **Warten** Sie, bis der Gesprächspartner Ihnen die **Hand reicht.** Stürmen Sie nicht mit vorgestreckter Hand und einem herzlichen „Ich freue mich ja so, Sie endlich kennenzulernen!" auf ihn zu. Und warten Sie, bis der andere Sie zum Hinsetzen auffordert.
- Achten Sie auf **eine aufrechte Haltung,** stets dem anderen zugewandt. Halten Sie Bodenkontakt beim Stehen und beim Sitzen (auf beiden Beinen stehen, auf der ganzen Sitzfläche sitzen). Suchen Sie weder die Verankerung mit den Beinen (um das Stuhlbein) noch mit den Händen (um die Aktentasche geklammert).
- Lassen Sie den **Blickkontakt** nie ganz abreißen, auch wenn Sie dem Gegenüber nicht dauernd in die Augen starren. Achten Sie auf die Körperhaltung des anderen. Auch wenn Sie ihn nicht imitieren sollen, versuchen Sie, eine ähnliche Haltung einzunehmen. Wenn Sie sich sehr auf ihn konzentrieren, tun Sie das wahrscheinlich ohnehin automatisch.
- Stehen Sie zu Ihrer **Nervosität.** Versuchen Sie sie nicht um jeden Preis zu überspielen – das gelingt sowieso nicht. Beweisen Sie Mut, indem Sie zugeben, nervös zu sein, weil Ihnen das Gespräch besonders wichtig ist.
- **Antworten Sie kurz, prägnant und ehrlich!** Der Gesprächspartner ist nicht daran interessiert, daß Sie ihm ausführlich noch einmal dasselbe erzählen, was er schon Ihren schriftlichen Unterlagen entnehmen konnte.

Fragen, die Sie sicher gestellt bekommen:

„Was haben Sie bisher gemacht?"

Diese Frage sollten Sie nicht einfach nur mit dem Inhalt Ihres Lebenslaufes beantworten, den kennt der andere bereits. Erwähnen Sie lieber Besonderheiten oder Dinge, die Sie besonders gerne gemacht haben, oder ein privates Engagement, das vielleicht nicht im Lebenslauf steht.

„Warum wollen Sie gerade bei uns arbeiten?"

Hier können Sie einige Ihrer gesammelten Informationen verwerten. Das positive Image nach außen, die internationale Ausrichtung oder die Affinität zu den angebotenen Produkten wären mögliche Antworten. Bleiben Sie aber trotzdem möglichst ehrlich. Ihr künftiger Chef wird Ihnen kaum abnehmen, daß Sie schon als kleines Kind davon geträumt haben, einmal Leberwurst-Etiketten herzustellen!

„Wo liegen Ihre Stärken?"

Bevor Sie loslegen wie ein Maschinengewehr, um alle Ihre Vorzüge aufzuzählen, oder bescheiden errötend die Augen niederschlagen – auf diese Frage sollten Sie vorbereitet sein und eine ehrliche, nicht übertriebene Antwort geben können. Hüten Sie sich aber vor Allgemeinplätzen wie „guter Umgang mit Menschen, Verläßlichkeit, Genauigkeit und Organisationstalent". Beschreiben Sie besser Ihre Stärken etwas konkreter. Und verwenden Sie dabei statt „Ich bin besonders gut bei …" lieber die Formulierung „Ich mache gerne …"

„Was sind Ihre Schwächen?"

Diese eher sinnlose Frage ist immer noch nicht aus dem Fragenrepertoire der (Personal-)Chefs verschwunden. Oft untersuchen diese dabei nur Ihre Reaktion. Es ist genauso falsch, hier offen und ehrlich alle Ihre Minuspunkte auszubreiten wie auch abzustreiten, je so etwas ähnliches wie eine Schwäche an sich entdeckt zu haben. Wir halten auch wenig von dem oft gehörten „guten Tip“, eine Schwäche anzuführen, die eigentlich eine Stärke ist („Mein Problem ist, daß ich allen Dingen immer auf den Grund gehen muß und mich mit vielen Antworten nicht zufriedengebe. Da kann ich meine Kollegen einigermaßen nerven!“). Das wirkt scheinheilig und unehrlich! Führen Sie lieber eine echte Schwäche an, die aber auf das spezielle zukünftige Berufsfeld keine direkten Auswirkungen hat.

„Wieviel möchten Sie verdienen?“

Diese Frage stellt Sie wahrscheinlich vor die größten Probleme. Es ist ziemlich schwer, hier richtig zu antworten. Nennen Sie einen zu hohen Betrag, ist es genau so unpassend, wie einen zu niedrigen Betrag zu nennen. Wenn Sie die Möglichkeit haben, informieren Sie sich schon vorher, wieviel in der Branche in etwa für diese Position üblich ist. Sie können auch von Ihrem bisherigen Gehalt ausgehen und einfach einen 10–20% höheren Betrag nennen. Es gilt immer noch die Regel, daß man in einem neuen Job ein um diesen Betrag höheres Gehalt bekommen sollte, was sich allerdings bei der derzeitigen Arbeitsmarktlage etwas relativiert. Sollte es sich um Ihren absoluten Traumjob handeln und sollten Sie wissen, daß in dieser Branche keine höheren Gehälter mehr möglich sind, geben Sie sich ruhig auch mit etwas weniger zufrieden, falls Sie Verbesserungschancen sehen. Begründen Sie das aber auch im Gespräch!

3. Der richtige Umgang mit heiklen Situationen

Manchmal kommt in einem Vorstellungsgespräch ein Punkt, an dem plötzlich die Hände wieder schweißnaß werden. Irgendwas läuft plötzlich ungünstig. Wie soll man sich da verhalten?
Manche Arbeitgeber bauen immer noch „Stolperfragen" in ein Bewerbungsgespräch ein. Lassen Sie sich davon nicht aus dem Konzept bringen. Es hat keinen Sinn, selbst auf indiskrete Fragen beleidigt zu reagieren. Denken Sie daran, auch Ihr Gegenüber hat etwas zu verlieren: seinen guten Ruf, das gute Image des Unternehmens und vielleicht eine für ihn gute Arbeitskraft. Reagieren Sie daher gelassen, wiederholen Sie die Frage noch einmal als Gegenfrage („Meinen Sie damit, daß …"). Damit gewinnen Sie Zeit und zwingen den anderen, seine „unangenehme" Frage noch einmal zu formulieren, vielleicht etwas weniger „hart".

Drei typische „Stolperfragen":

„Haben Sie vor, demnächst eine Familie zu gründen?"

Das ist eine Frage, die immer noch ausschließlich Frauen gestellt wird. Lassen Sie sich dadurch nicht in die Enge treiben („Ich habe nicht so schnell vor, Kinder zu bekommen, und wenn, dann hat das sicher keine Auswirkungen auf meine Arbeitsleistung".). Genauso wenig zielführend ist es, beleidigt darauf zu reagieren („Also, das geht Sie ja nun wohl wirklich nichts an!").
Reagieren Sie mit einer möglichst unverbindlichen Antwort. Der Fragesteller hat hier durchaus einen „Gemeinplatz" als Antwort verdient („Heutzutage kommt nun einmal die Karriere vor der Familie." „Wenn man einen guten Job hat, wird man ihn nicht so leicht aufgeben."). Oder reagieren Sie mit einer Gegenfrage („Haben Sie einen bestimmten Grund für diese Frage?").

„Wie begründen Sie dieses ‚Loch' von einem Jahr in Ihrem Lebenslauf?"

Gehen Sie davon aus, daß Sie grundsätzlich alles begründen können, vorausgesetzt, Sie finden die richtigen Argumente! Gerade ein „Loch" in Ihrem Lebenslauf, also eine Zeitspanne, in der Sie aus

welchen Gründen auch immer nicht erwerbstätig waren oder Ihre Ausbildung unterbrochen haben, bietet oft interessanten Gesprächsstoff. Haben Sie in dieser Zeit eine größere Reise unternommen? Und dabei Ihre Sprachkenntnisse verbessert? Ihren Horizont erweitert? Erzählen Sie kurz davon – solche Stationen im Leben sind persönlichkeitsbildend und sehr bereichernd. Wenn Sie jedoch das Gefühl haben, sich rechtfertigen und sogar dafür entschuldigen zu müssen („Ich war ja eh nur …“), wird sich der Gesprächspartner dieser Meinung anschließen.
Genauso verhält es sich mit „Orientierungspausen“, zum Beispiel während oder nach der Ausbildung. Erklären Sie, was Sie in dieser Zeit gemacht haben und warum diese Phase für Sie wichtig war. Stehen Sie zu solchen Unterbrechungen, verstecken Sie sie nicht verschämt!
Geben Sie aber auch einmal begangene Fehler zu, und betonen Sie, daß Sie daraus gelernt haben.

„Und wie sieht es mit Ihrem Privatleben aus?“

Ordnen Sie diese Frage nicht sofort unter „Das geht dich nichts an!“ ein. Natürlich ist Ihr Privatleben ganz allein Ihre Sache. Es gibt jedoch Berührungspunkte, die einen potentiellen Arbeitgeber durchaus interessieren können. Leben Sie zum Beispiel mit Ihrer Familie 100 km vom Arbeitsplatz entfernt, hat dies möglicherweise Auswirkungen auf Ihre Arbeitszeit, Ihre Bereitschaft, auch einmal Überstunden zu machen. Oder Sie leben gerade in Scheidung – der psychische Streß dieser Phase kann durchaus Ihre Arbeitsleistung mindern. Sind Sie alleinerziehende Mutter? Dann will Ihr zukünftiger Chef sicher wissen, wie Sie die Kinderbetreuung geregelt haben; vor allem, was Sie in Notfällen tun, wenn zum Beispiel das Kind krank ist.
Manche Chefs wollen auch wissen, wo der Partner beschäftigt ist (vielleicht im Konkurrenzunternehmen?). Diese Frage läßt auf einen sehr mißtrauischen Chef schließen. Geben Sie ihm ruhig die gewünschte Antwort, meist ist es ja kein Geheimnis. Ein Verweigern führt meist zur Disqualifikation!
Sollten die Fragen nach Ihrem Privatleben dann doch zu indiskret werden, übergehen Sie sie am besten oder stellen eine Gegenfrage:

„Finden Sie es wirklich wichtig für den Job, wie ich über Religion und Homosexualität denke?“ – Vielleicht ist in diesem Moment für Sie sowieso schon klar, daß Sie nicht unbedingt in dieser Firma arbeiten wollen.

Was tun, wenn der Gesprächspartner unkonzentriert ist und nicht zuhört?

Gehen Sie davon aus, daß dieses unhöfliche Verhalten des anderen nichts mit Ihnen persönlich zu tun hat. Wahrscheinlich steht er stark unter Druck, hat noch zehn weitere Kandidaten zu interviewen und soll noch einen ganzen Berg von anderen Dingen auf die Reihe kriegen. Da kann schon einmal die Konzentration schwinden.
Antworten Sie in so einer Situation betont kurz und präzise. Sprechen Sie aber nicht schneller – unbewußt beginnen viele Menschen schneller zu sprechen, wenn der andere nicht mehr zuhört, weil sie möglichst rasch wieder aus dieser unangenehmen Lage herauswollen. Stellen Sie in so einem Moment eine Ihrer vorbereiteten Fragen (beginnend mit dem Namen Ihres Gesprächspartners) – das zwingt den anderen, sich wieder dem Gespräch zu widmen.

Das Gefühl, alles läuft schief

Wenn Sie mitten im Gespräch das Gefühl bekommen, daß das Gespräch nicht so läuft, wie Sie sich das vorgestellt haben, ist das noch lange kein Grund zur Panik. Atmen Sie einfach tief durch, und weiter geht's. Oft ist gerade die Erkenntnis „Jetzt hast du es verbockt, jetzt ist schon alles egal!“ der Auslöser für eine größere Lockerheit, die dem Gespräch plötzlich doch noch eine positive Wendung gibt. Erst wenn Sie den Absagebrief in Händen halten, ist wirklich nichts daraus geworden!

Wenn das Gespräch zu Ende ist …

Es zählt zwar nicht mehr ganz zum ersten Eindruck, wie Sie ein Gespräch beenden, doch gerade das Vorstellungsgespräch wollen wir zur Gänze in diesem Bereich ansiedeln. Es rundet das erste Bild, das am für Sie möglicherweise neuen Arbeitsplatz von Ihnen entsteht, ab.

Bedanken Sie sich für das Gespräch, und erkundigen Sie sich, wann Sie mit einer Antwort rechnen können. Wenn Sie Glück haben, bekommen Sie schon jetzt ein Feedback. Auch dafür sollten Sie dankbar sein, auch wenn es nicht so positiv ausfällt.
Springen Sie nicht erleichtert auf, und hasten Sie nicht fluchtartig hinaus. Bleiben Sie auch noch in dieser Phase souverän. Die offene Körperhaltung und ein Lächeln sind auch am Schluß entscheidende Faktoren.
Verabschieden Sie sich auch von der Sekretärin freundlich, und bedanken Sie sich für etwaige Hilfeleistungen.
Ist das Gespräch nun aus Ihrer Sicht wirklich nicht gut gelaufen, stecken Sie nicht den Kopf in den Sand. Analysieren Sie – möglichst ehrlich zu sich selbst – die einzelnen Phasen des Gesprächs. Was haben Sie aus Ihrer Sicht falsch gemacht? Was ist Ihnen gut gelungen? Was hat Sie an Ihrem Gesprächspartner gestört?

Jedes Vorstellungsgespräch, auch wenn es nicht erfolgreich verläuft, ist ein wunderbares Training. Sie werden mit jedem Gespräch sicherer und lernen eine Menge über sich.
Konzentrieren Sie sich abschließend immer auf Ihre Stärken – dann wird es das nächste Mal sicher besser laufen!

9.3 Der erste Arbeitstag

Haben Sie nun den begehrten Job bekommen, ist die erste große Hürde genommen. Ihren neuen Chef haben Sie mit Ihrem Auftritt überzeugt.
Jetzt gilt es, die Weichen für eine gute Zusammenarbeit mit den neuen Mitarbeitern zu stellen. Auch hier hängt wieder sehr viel vom ersten Eindruck ab. Wie dieser bei den anderen ausfällt, kann auch hier über Ihre Zukunft mit entscheiden.
Was ist also zu Beginn wichtig? Sich auf das neue Arbeitsgebiet zu stürzen und durch Fachkompetenz zu überzeugen? Oder sich erst mal um die Beziehung zu den neuen Mitarbeitern zu kümmern?
Die Antwort ist eindeutig: Die soziale Kompetenz hat Vorrang! Ihre Fachkenntnisse können Sie später noch genug unter Beweis stellen. Von einem Neuen erwartet man nicht gleich am ersten Tag Wunderdinge – im Gegenteil, man wird Sie eher als neunmalklug und ange-

berisch einstufen, wenn Sie sofort Lösungen zu den bestehenden Problemen anbieten.
Legen Sie also in den ersten Tagen Ihr Hauptaugenmerk auf die Beziehungen zu den Menschen in Ihrem neuen Umfeld. Und damit meinen wir alle Menschen, von der Putzfrau bis zum Generaldirektor – den Sie übrigens wahrscheinlich nicht gleich zu Gesicht bekommen werden, ganz im Unterschied zur Putzfrau.

- Gehen Sie offen und selbstbewußt auf die anderen zu. Sie haben keinen Grund, bescheiden und schüchtern in Abwartestellung zu verharren. Daß Sie unter vielen Bewerbern ausgesucht wurden, sollte Ihr Selbstbewußtsein genügend gestärkt haben. Die anderen sind sicher gebührend neugierig, also zeigen Sie auch, wer Sie sind. Das bedeutet aber nicht, daß Sie „den Auftritt des großen Stars" spielen sollen. Ihr erster Arbeitstag ist nicht die Oscar-Verleihung, und ob Sie eine Trophäe ergattern, hängt vom ersten Eindruck ab, den Sie erzielen.

- Freundlichkeit und Interesse an den anderen ist der Schlüssel zum Erfolg. Konzentrieren Sie sich ganz auf die neuen Kollegen. Auch hier gilt das oberste Gebot für einen positiven ersten Eindruck:

„Zeige ehrliches Interesse am anderen, versetze dich in seine Lage!"

- Versuchen Sie, sich möglichst viele Namen zu merken. Schaffen Sie für sich Eselsbrücken, machen Sie sich Notizen, gehen Sie im Geist am ersten Abend alle Personen mit ihren Namen noch einmal durch. Sie punkten, wenn Sie Ihre neuen KollegInnen gleich mit Namen ansprechen!

- Stellen Sie Fragen, beweisen Sie damit aktiv Ihr Interesse.

- Beobachten Sie, wie die Abläufe und Beziehungen unter den anderen KollegInnen laufen. Verhalten Sie sich aber unbedingt neutral, so Sie zu Beginn in einen Konflikt hineingezogen werden.

- Gehen Sie auf die anderen zu. Warten Sie nicht, bis man Sie auffordert. Fragen Sie ruhig eine(n) KollegIn, ob er/sie mit Ihnen in die Mittagspause geht.

- Spielen Sie nicht die Geheimnisvolle, den Geheimnisvollen! Erzählen Sie von sich, wenn Sie jemand danach fragt. Sprechen Sie dabei nicht ausschließlich über Fakten, sondern in gewissem Rahmen auch über Ihre Gefühle. Sprechen Sie ruhig auch Ihre Unsicherheit mit der neuen Situation an. Das macht Sie für die anderen menschlich, irgendwie „angreifbar".
- Nehmen Sie eine zurückhaltende bis ablehnende Haltung anderer nicht persönlich. Viele Menschen fürchten sich vor Veränderungen und sehen Ihr „Eindringen" vielleicht als Bedrohung. Seien Sie besonders freundlich und hartnäckig. Werten Sie solche „Ablehner" auf, indem Sie sie um Rat und Hilfe bitten. Sollten Ihre Bemühungen nachhaltig erfolglos sein, suchen Sie ein offenes Gespräch.
- Vermeiden Sie am Anfang Kritik. Auch wenn manche Dinge Ihnen als Außenstehendem völlig unbegreiflich und unpraktisch erscheinen, warten Sie mit Ihren Verbesserungsvorschlägen. Diplomatie ist jetzt wichtiger als das Aufdecken von Betriebsblindheit!
- Es ist nicht wichtig, alle anderen zu lieben und von allen geliebt zu werden. Es ist aber wichtig, daß Sie sich mit allen eine Basis schaffen, auf der Sie gut beruflich zusammenarbeiten können. Gefährden Sie diese Basis nicht, indem Sie sich vorschnell auf ein zu freundschaftliches Verhältnis einlassen. Eine gewisse Distanz ist am Anfang klüger. Echte Freundschaften müssen wachsen, man kann sie nicht mit einem Glas Bier und dem Du-Wort nach dem ersten Arbeitstag erzwingen.

9.4 Verhandlungen als heiße Eisen

Sie bekommen von Ihrem neuen Chef Ihre erste große Chance: Sie sollen mit einem wichtigen, aber etwas schwierigen Lieferanten die notwendigen Preisverhandlungen führen. Von Ihrem Erfolg hängt viel ab. Werden Sie die in Sie gesetzten Erwartungen erfüllen können?

Schon Tage vor dem großen Termin fällt es Ihnen schwer, sich auf etwas anderes zu konzentrieren. Sie schlafen schlecht, und Ihr Partner muß mit Ihrer Gereiztheit fertig werden. Keine leichte Situation. Sie haben Angst – Angst, zu versagen. Und Sie wissen, es hängt wieder sehr viel von Ihrem Einstieg in diese wichtige Verhandlung ab.

Eine Verhandlung mit fremden Menschen, die eine wahrscheinlich entgegengesetzte Zielsetzung haben, ist eine echte Herausforderung. Denn im Unterschied zu den meisten bisher beschriebenen „Auftritten“ ist man Ihnen hier nicht unbedingt immer wohlgesonnen. Die anderen vertreten einen anderen Standpunkt und wollen diesen gegen Ihr Bemühen durchsetzen. Wie gelingt es nun, in einer Atmosphäre von gegenseitigem Mißtrauen trotzdem einen guten ersten Eindruck zu hinterlassen? Um die eigenen Nerven etwas zu beruhigen, machen Sie sich an die Vorbereitung. Und Sie kennen da einen Kollegen, der gilt als alter Verhandlungsprofi. Ihn fragen Sie um Rat. Er verrät Ihnen gerne seine Tricks:

Die Vorbereitung

- Er geht als Partner, nicht als Duellgegner in die Verhandlung. Ziel einer Verhandlung kann es nicht sein, den anderen auf allen Linien zu besiegen. Ziel muß vielmehr ein Kompromiß sein, bei dem beide Parteien ihr Gesicht wahren können!

- Er setzt sich realistische, konkrete, schriftlich festgehaltene Ziele: zunächst definiert er ein Hauptziel (in Ihrem Fall der mit dem Chef abgestimmte Wunschpreis). Dieses Hauptziel verfolgt er konsequent, verliert es nie aus den Augen.

- Er legt seinen Verhandlungsspielraum fest. Dazu formuliert er Unterziele, da er nicht nur mit einer Zielvorstellung in eine Verhandlung gehen kann. Denn damit wäre er in seinem Aktionsradius zu sehr eingeschränkt. Das Verfolgen von weiteren Zielen bildet seinen Verhandlungsspielraum (z. B.: Unterziel A: die Verbesserung der Lieferkonditionen im Hinblick auf die Fristen). Mußte er nun bei seinem Wunschpreis Abstriche machen, könnte er dafür aber ein Unterziel verwirklichen. Hat er nur ein einziges Ziel, könnte er leicht das Gesicht verlieren, wenn er es nicht durchsetzen kann).

➞ Er definiert Alternativen innerhalb seines Verhandlungsspielraumes. Je flexibler er schon vorher überlegt, desto wendiger wird er auch in der Verhandlung sein.

➞ Er zerteilt seine Ziele in kleine Schritte, je nach Anzahl der zu erwartenden Verhandlungen. Große Ziele lassen sich nicht immer in einer Verhandlung erreichen, oft sind mehrere „Runden" notwendig. Es ist daher wichtig, ein Tagesziel zu definieren.

➞ Er überlegt und formuliert seine **Argumente** – natürlich auch stichwortartig und schriftlich. Seine Argumente stellen den Partner in den Mittelpunkt:
- **Welchen Nutzen hat der andere, wenn er auf meinen Vorschlag eingeht?**
- Sind meine Argumente für ihn klar und verständlich?
- Sind sie für ihn glaubwürdig?
- Sind sie für ihn interessant?
- Kann ich sie mit für ihn nachvollziehbaren Argumenten untermauern?
- Überfordere ich ihn nicht mit zu vielen Argumenten?

➞ Er sammelt mögliche Einwände der Gegenseite und überlegt sich dazu die passenden Entkräftungen. Wichtig ist dabei, daß er wieder nutzenorientiert und partnerorientiert antwortet.

➞ Er bereitet sich sehr gewissenhaft vor, weil er weiß, daß auch ein Vollprofi möglichst wenig improvisieren sollte.

Der Verhandlungsbeginn

Die Tips, die schon in den vorherigen Kapiteln erwähnt wurden, sind natürlich auch für den Einstieg in eine Verhandlung wichtig. Ergänzend sollen hier einige spezielle Punkte erwähnt werden, die sich aus der besonderen Situation einer Verhandlung ergeben.

Schaffen Sie ein positives Klima!
Nach einer möglichst freundlichen Begrüßung ist es erfolgversprechend, ein positives Gesprächsklima zu schaffen. Erklären Sie, warum Sie sich von diesem Gespräch einiges erwarten. Sprechen Sie eine Gemeinsamkeit an – es ist immer gut, von einem gemeinsamen Nenner aus zu starten, gemeinsame Kriterien festzulegen.

Achten Sie auf die richtige Sitzordnung!
Am Verhandlungstisch sollten Sie unbedingt eine starre „Konfrontations-Sitzordnung“ vermeiden. Sitzen sich die beiden „feindlichen“ Parteien frontal gegenüber, wird das Gespräch anders, viel aggressiver verlaufen, als wenn alle an einem runden Tisch Platz genommen haben. Ein 90°- bis 110°-Winkel ist die optimale Position, um ein offenes, kompromißbereites Verhandlungsklima zu schaffen. Bedenken Sie auch, daß diejenigen, die mit dem Rücken zur Tür sitzen, ein unterbewußtes Gefühl der Unsicherheit verspüren. Der Rücken zur Wand stärkt die Position. Haben Sie in einem fremden Verhandlungszimmer die Wahl, setzen Sie sich eher mit dem Rücken zur Wand. Bietet man Ihnen den Platz mit dem Rücken zur Tür, haben Sie zumindest den Trick durchschaut!

Bauen Sie keine Barrieren auf!
Zu einer wichtigen Verhandlung kommt jeder Teilnehmer mit gehörig vielen Unterlagen, er ist ja gut vorbereitet. Diese Unterlagen sollen aber nicht wichtiger werden als das Gespräch selbst. Machen Sie nicht den Fehler, einen aufgeklappten Aktenkoffer, aus dem Sie Ihre Unterlagen nehmen, zwischen sich und Ihren Gesprächspartnern aufzubauen. Sie erwecken damit den Eindruck, Sie hätten etwas zu verbergen. Muß der Aktenkoffer schon geöffnet werden, sollten Sie ihn seitlich, und damit für die anderen einsehbar, hinstellen.
Eine andere typische „Verhandlungsbarriere“ stellt der aufgeklappte Laptop dar. Diese Barriere ist zwar etwas kleiner als der Aktenkofferdeckel, erweckt aber den gleichen Verdacht: den der Geheimniskrämerei!

Beobachten Sie die Verhandlungspartner genau!
Es gibt in jeder Gruppe einen Meinungsträger, auch wenn er nicht der offizielle „Delegationsleiter“ ist. Finden Sie ihn heraus – nur wenn Sie ihn überzeugt haben, haben Sie auch gewonnen. Beobachten Sie, wen die anderen immer wieder anschauen, so als ob sie seine Zustimmung erfragen. Machen Sie aber auch nicht den Fehler, sich nur mehr an diese eine Person zu wenden. Zielführender ist es, alle Teilnehmer ins Gespräch mit einzubeziehen.

Hören Sie genau zu, und durchschauen Sie Einwände!
Oft werden Einwände gegen Ihren Vorschlag nur vorgeschoben. Sie können diesen vorgeschobenen Einwand noch so gekonnt argumen-

tativ entkräften, Sie werden trotzdem keine Zustimmung bekommen, weil der wahre Grund für die Ablehnung ein anderer ist. Erst wenn Sie den wahren Einwand herausgefunden haben, können Sie darauf eingehen. Besonders der versteckte Einwand „zu teuer“ wird oft hinter „Scheinargumenten“ versteckt.

Setzen Sie Fragen professionell ein!
Besonders bei einer Verhandlung ist das Lenken des Gespräches mit Hilfe von Fragen besonders wichtig. Reagieren Sie beispielsweise auf Einwände des anderen mit einer sogenannten „Echoantwort“, indem Sie den Einwand noch einmal in Frageform wiederholen.

Suchen Sie den größten gemeinsamen Nenner!
Läuft ein Gespräch Gefahr, ins Stocken zu geraten, sollten Sie die Fronten nicht zusätzlich verhärten. Suchen Sie besser nach Gemeinsamem, nach Punkten, über die Sie sich schon einig geworden sind. So holen Sie ein Gespräch immer wieder auf die positive Schiene zurück.

Wahren Sie die Gesprächskultur!
Auch wenn die Emotionen überhandzunehmen drohen: Bemühen Sie sich immer um die Beibehaltung einer gewissen Kultur. Unterbrechen Sie die anderen nicht, sprechen Sie sie mit Namen an, und vermeiden Sie persönliche Angriffe. Reagieren Sie Ihrerseits auf diffamierende Angriffe der anderen mit einer „emotionalen Ich-Botschaft“: „Ich fühle mich von Ihrer Bemerkung getroffen, und bitte Sie, mir das näher zu erklären!“ Reagiert die Gegenseite nicht auf solche emotionalen Botschaften, ist es schwierig, ein konstruktives Gespräch weiterzuführen.

Vertagen Sie lieber!
Sollten die Fronten zu verhärtet sein, ist es meist besser, die Verhandlung vorderhand zu unterbrechen und auf einen späteren Termin zu vertagen. Lassen Sie sich auch nicht zu vorschnellen Zugeständnissen verleiten oder erpressen. Überdenken Sie besser vorher alle möglichen Konsequenzen!

Halten Sie Ergebnisse fest!
Es ist immer wichtig, das bisher Erreichte zu sichern. Fassen Sie daher alle bisherigen Ergebnisse zusammen. Vereinbaren Sie auch, wer was bis wann zu tun hat. Nur so hat jeder das Gefühl, ein kon-

struktives Gespräch geführt zu haben, das nicht einfach im Sand verlaufen ist und somit reine Zeitverschwendung war.

„Revolversätze":

Die folgenden Sätze können auch Sie in Verhandlungen immer wieder antreffen. Wie aus einem Revolver werden sie dem anderen an den Kopf „geschossen". Lassen Sie sich davon nicht einschüchtern. Vermeiden Sie aber selbst die Anwendung solcher Sätze, da sie nicht dazu geeignet sind, ein konstruktives Gespräch zu fördern. Ganz im Gegenteil: sie werden mit unbewußter oder offener Ablehnung beantwortet, sie drängen in die Defensive. Sie killen nicht den „Gesprächsgegner", sondern das Gespräch selbst!

„So haben wir das noch nie gemacht!"
„Das geht sicher so nicht!"
„Das haben wir schon immer so gemacht!"
„Das stimmt nicht!"
„Sie haben ja keine Ahnung!"
„Das können Sie doch nicht ernst meinen!"
„Da fehlt Ihnen die Erfahrung!"
„Vergessen Sie es – nie und nimmer!"
„Sie haben leicht reden!"
„Sie machen wohl Witze!"
„Sie müssen das schon so akzeptieren, ich weiß ja schließlich, wovon ich rede!"

Diese Liste ließe sich endlos fortsetzen. Alle diese Äußerungen haben eines gemeinsam: Sie beweisen, daß derjenige, der sie benutzt, sich ziemlich in die Enge getrieben fühlt. Die echten und überzeugenden Argumente sind ihm offensichtlich ausgegangen, und so sieht er sich veranlaßt, zu „Wild-West-Methoden" Zuflucht zu suchen. Wenn Sie sich nicht auf dasselbe Niveau begeben, haben Sie eindeutig ab jetzt die bessere Position!

Die Präsentation

Ein Meilenstein im Berufsleben ist meist die erste große Präsentation. Jeder erinnert sich noch, wie er mit schweißnassen Händen,

Herzklopfen und trockener Kehle das erste Mal vor ein größeres Publikum getreten ist. Will man jedoch die Karriereleiter erklimmen, sind solche Auftritte unerläßlich. Und sie sind eine wunderbare Chance, gleich einer großen Anzahl von Leuten auf einmal zu beweisen, wie professionell man ist. Was sonst in vielen mühevollen Einzelgesprächen verfolgt werden muß, kann man hier „auf einen Streich" erledigen, nämlich andere zu überzeugen!

Das klingt doch verlockend! Wenn da nicht diese innere Angst vor dem Auftritt wäre!

Bei einer Rede oder Präsentation hat die zu Beginn dieses Buches erwähnte Bühnenweisheit besondere Gültigkeit:

„Wenn es dir nicht gelingt, in den ersten paar Sekunden gut über die Rampe zu kommen, gelingt es dir gar nicht mehr!"

Es hängt also wieder einmal viel vom professionellen ersten Eindruck ab!

Aber der erste Eindruck, den ein Redner vermittelt, entsteht anders als in einem persönlichen Gespräch:

- Die Entfernung zwischen Redner und Publikum ist wesentlich größer als im Zwiegespräch.
- Er muß also eine viel größere Distanz überwinden, um seine Wirkung „hinüberzubringen".
- Die Kommunikation findet – speziell in den ersten Sekunden – nur auf einem Weg statt. Der Redner sendet, und die Zuhörer empfangen.
- Die gesamte Aufmerksamkeit konzentriert sich auf eine bestimmte Person, während diese Person ihre Aufmerksamkeit einem ganzen Saal widmen muß – ein ziemlich ungleiches „Duell".
- Jede noch so winzige Kleinigkeit am äußeren Erscheinungsbild des Redners wird bewußt registriert und gespeichert.
- Der Perfektionsanspruch der anderen ist wesentlich höher: „Wenn sich einer schon da hinausstellt und so viele ihm zuhören, dann muß er schon etwas zu sagen haben!"

- Der eigene Perfektionsanspruch ist viel höher: „Die sind alle nur wegen mir oder unserem Unternehmen gekommen, da muß ich einfach gut sein!“

Diese Punkte machen deutlich, in welch ungewohnter Rolle man sich als Redner oder Präsentator plötzlich wiederfindet. Die normalen Kommunikationsstrukturen, die wir sonst im Alltag verwenden, sind ziemlich durcheinandergebracht.
Sicher kann man sich auch an diese Situation gewöhnen, bekommt mit der Zeit Routine und erkennt aus Erfahrung, wie man einen guten Eindruck hinterläßt. Doch nicht jedem gelingt das. Viele sind auch noch vor der x-ten Präsentation genauso verunsichert, und manche „lernen es eben nie“. Nicht jeder ist zum Redner geboren!

Doch wird man wirklich als begnadeter Redner geboren? Und ist es wirklich aussichtslos, ein guter Redner zu werden, wenn diese „Erbanlagen“ fehlen?
So wie wir im vorherigen Kapitel den Verhandlungsprofi näher unter die Lupe genommen haben, wollen wir es jetzt auch mit dem perfekten Redner tun:

Was zeichnet einen Redeprofi aus?

- Das Wichtigste gleich zu Beginn: Er ist nicht nur überzeugt von dem, was er sagt, er ist fasziniert von der Sache, über die er spricht! Und diese Faszination wird bei der Rede spürbar, ja gerade zu greifbar. Nur wer wirklich von dem, was er sagt, überzeugt ist, kann auch andere damit fesseln. Oder haben Sie schon einmal einen „professionellen Grabredner“ gehört, dessen Worte zu Tränen rühren, obwohl er den Verstorbenen nicht einmal gekannt hat?

- Der Redeprofi weiß genau, was er will. Seine Hauptbotschaft verliert er nie aus den Augen, sie stellt den krönenden Abschluß seiner Rede dar. Alles ist auf dieses Ziel hin ausgerichtet.

- Der Redeprofi redet für seine Zuhörer und nicht, um sein Image zu verbessern, sich selbst wieder einmal zu beweisen, wie gut er ist. Daher wird auch eine Rede zum selben Thema nie völlig gleich klingen, weil ja auch das Publikum nie völlig gleich ist. Er stellt sich auf das jeweilige Publikum ein, überlegt bei der Vorbereitung, was gerade für diesen Personenkreis interessant ist, und reagiert auch noch während der Rede auf die Stimmungslage im Publikum.

- Der Redeprofi redet frei. Sein Manuskript besteht nur aus Stichworten (mit Ausnahme von Zitaten), er liest eine Rede nie vom Blatt. Er weiß, daß er damit sein Publikum ziemlich langweilen würde. Er weiß, daß seine Zuhörer lieber weniger perfekt formulierte Sätze hören, bei denen sie aber das Gefühl haben, sie entstehen gerade jetzt und ausschließlich für sie. Die Rede wird so zum unverwechselbaren, einmaligen Ereignis. Man kann sie in der Form nicht einfach später in einem Buch nachlesen. Dann hätte man ja vielleicht gar nicht kommen müssen ...

- Der Redeprofi verwendet anschauliche Vergleiche und Bilder, die der Vorstellungsgabe der Zuseher „auf die Sprünge" helfen. Er nimmt sie mit auf seine Reise.

- Der Redeprofi verwendet bei einer Präsentation publikumsfreundliche Visualisierungshilfen, wie Overheadfolien, Dias oder eine Flip-chart. Er verwendet aber nie zu viele davon. Es sind eben nur Hilfen und kein „Ersatz" für Gesagtes. Er liest den Inhalt seiner Visualisierungshilfen nie einfach nur ab.

- Der Redeprofi belehrt sein Publikum nicht. Er hält sich nicht für schlauer, nur einfach für im Moment überzeugter von seinen Inhalten. Das wird sich aber bis zum Ende seiner Rede geändert haben!

- Der Redeprofi beschränkt sich auf das Wesentliche. Er läßt alles weg, was nicht unmittelbar zum Thema gehört, was die anderen nicht interessiert oder nur verwirren würde, was ohnehin schon bekannt ist. Er weiß, daß er sich mit jedem Wort zuviel einen kleinen Schritt von seinem Hauptziel entfernt.

Den ersten und den letzten Punkt halten wir für die beiden wichtigsten. Vertreten Sie Ihr Hauptanliegen mit Überzeugung und nur mit den unbedingt dafür nötigen Worten!
Das bedeutet aber nicht, daß Sie sich schon nach drei Sätzen wieder davonstehlen können, weil neben Begrüßung und Schluß Ihr Hauptanliegen in einem Satz gesagt ist. Das würde Ihre Zuhörer überfor-

dern. Sie haben nicht den gleichen Ausgangspunkt wie Sie, das heißt nicht den gleichen Wissenstand. Sie haben sich nicht im Rahmen der Vorbereitung auf diese Rede mit dem Thema eingehend befaßt. Und sie sind vielleicht nicht den ganzen Vortrag hindurch gleich konzentriert. Halten Sie sich daher an folgende „goldene Regel“:

„Deine Zuhörer wollen wissen,
was sie hören werden,
sie wollen es hören, und
sie wollen wissen, was sie gehört haben!“

Da macht es absolut keinen Unterschied, ob Sie vor einer Gruppe von Universitätsprofessoren oder von Analphabeten sprechen!

Visuelle Hilfsmittel

Viele unterstützende Medien stehen Ihnen heute für Ihre Rede, Ihre Präsentation zur Verfügung:

- Flip-chart
- Overheadprojektor
- Dias
- Film und Video
- Computervernetzte Overheadprojektoren
- Epidiaskop
- Arbeitsblätter
- Andere schriftliche Vortragsunterlagen

Welche davon Sie einsetzen, hängt ab:

- vom Anlaß, bei dem die Präsentation/Rede stattfindet. Bei einer Rede anläßlich des 10jährigen Bestehens des örtlichen Kleingartenvereines werden Sie kaum mit einem PC plus LC-Display anrücken. Bei einer Verkaufspräsentation in einem großen Elektronikkonzern werden Sie dafür mehr benötigen als nur ein selbstgemaltes Flip-chart und ein paar vergilbte Dias!
- vom Inhalt der Präsentation/Rede. Geht es um ein persönliches Jubiläum, sind ein paar Anekdoten über den Jubilar mehr gefragt

als Overheadfolien. Müssen Sie aber einen Bericht mit viel Zahlen- und Faktenmaterial präsentieren, ist die richtige graphische Umsetzung sehr entscheidend.

Zum Themenbereich „visuelle Hilfsmittel“ lassen sich gut einige Bücher füllen, wobei es bereits sehr gute Literatur zu diesem Thema gibt. Wir möchten uns hier nur auf die wesentlichsten Tips zum Erstellen von Overheadfolien beschränken:

➟ Was für Ihre Rede gilt, gilt ganz besonders für Ihre Folien: Gestalten Sie sie kurz, einfach, präzise und anschaulich! Nichts strengt das Publikum mehr an, als sich plötzlich an das Overheadbild gewöhnen zu müssen und dann auch noch endlos viel Text, unübersichtliche Graphiken und Tabellen betrachten zu müssen, während Sie munter weiterreden!

➟ Formulieren Sie den Text nicht vollständig aus, Stichworte sind für die Aufnahmefähigkeit des Publikums besser geeignet.

➟ Die Schrift darf auf keinen Fall zu klein sein (min. 5mm!). Verwenden Sie Druckbuchstaben, eine leicht lesbare Schrift, und variieren Sie die Schriftart nicht öfter als zweimal.

➟ Verarbeiten Sie immer nur ein Thema pro Folie.

➟ Packen Sie nicht mehr als 6–8 Zeilen auf eine Folie und nicht mehr als sechs Wörter in eine Zeile.

➟ Verwenden Sie maximal drei Farben pro Folie. Zu helle Farben oder ein dunkler Hintergrund können bei einem schlechteren Projektor die Wirkung zerstören. Verzichten Sie daher besser darauf!

➟ Verwenden Sie nicht nur Text, sondern auch Graphiken, Cartoons und andere Gestaltungselemente.

➟ Ob Sie Ihre Folie mit dem Computer oder mit der Hand anfertigen, ist nicht so entscheidend. Sie können auch EDV-erstellte Folien per Hand ergänzen. Kombinieren Sie aber nie Freihandzeichnungen mit Linealzeichnungen!

➟ Bei Zahlenfolien sollten Sie nur maximal 30 Zahlen verwenden, wobei jede Zahl nicht mehr als fünf Stellen haben sollte. Es ist besser, Zahlen in Graphiken umzuwandeln: in Kreis-, Balken-, Linien- oder Flächendiagramme. So machen Sie die abstrakten Zahlen für Ihr Publikum „angreifbar".

Sprechen Sie nie zu lange zu einer Folie. Der Zuhörer verliert rasch das Interesse. Denken Sie an unsere „30-Sekunden-Gesellschaft". Dreißig Sekunden wäre allerdings auch zu kurz. Geben Sie dem Publikum ausreichend Zeit, den Inhalt der Folie zu erfassen und die Verbindung zu Ihren Worten herzustellen. Zeigen Sie dabei auf einzelne Punkte, die Sie gerade ansprechen, so helfen Sie bei der Orientierung. Verwenden Sie aber dafür lieber einen Zeigestab, wenn Sie nervös sind. Schon das leiseste Zittern Ihrer Hand wird vom Projektor stark vergrößert!
Reihen Sie nicht eine Folie an die andere. Machen Sie immer wieder „Visualisierungspausen". Zwischen zwei Folien sollte der Projektor auch nie ohne Folie aufgedreht bleiben, da das grelle Licht das Auge sehr anstrengt. Schalten Sie daher das Gerät zwischen den Folien immer wieder ab.
Bleiben Sie immer dem Publikum zugewandt! Selbst wenn Sie von Ihren Folien noch so begeistert sind, drehen Sie sich nie mit dem Rücken zu den Zuhörern. Denken Sie auch daran, weiter Augenkontakt zu halten.
Lassen Sie sich nicht von den technischen Möglichkeiten des modernen Medieneinsatzes verleiten. Visuelle Hilfsmittel sollen auch wirklich nur Hilfsmittel bleiben und nicht zu Trägern der Botschaft werden. Sie stehen selbst im Mittelpunkt, Sie sind der Überbringer der Botschaft!

Weitere Vorbereitungstips

Es versteht sich von selbst, daß gerade eine Rede oder Präsentation eine besonders genaue Vorbereitung erfordert. Alle bisher dazu besprochenen Tips sollten hier beachtet werden. Auf die genaue inhaltliche Gestaltung einer Rede möchten wir hier nicht näher eingehen, es würde den Rahmen dieses Buches überschreiten. Aber einige Zusatztips zur Wirkung des ersten Eindrucks möchten wir hier ergänzend anführen:

➡ Planen Sie für die Vorbereitung besonders viel Zeit ein. Es genügt nicht, einfach nur die Fakten zu sammeln. Sie müssen den Ablauf mehrmals durchgehen und immer wieder kritisch hintorfragen. Denken Sie an den eingangs erwähnten erhöhten Perfektionsanspruch!

➡ Informieren Sie sich besonders genau über Ihren Zuhörerkreis. In welchem Rahmen findet Ihr Auftritt statt? Wie viele Personen werden Ihnen zuhören? Was war vorher? Nichts ist peinlicher, als wenn Sie kurz vor Ihrer Rede feststellen, daß ein Vorredner schon viele Dinge, die auch bei Ihnen vorkommen, erwähnt hat.

➡ Prüfen Sie die Räumlichkeiten genau:
- Wo werden Sie stehen?
- Wie ist die Sitzordnung des Publikums?
- Wie sind die Lichtverhältnisse im Raum?
- Stehen Sie während Ihrer Rede auch nicht im Gegenlicht?
- Wie funktionieren die technischen Hilfsmittel?
- Wie wirken Ihre Folien auf dem Projektor?
- Gibt es eine Ersatzlampe?
- Wie funktioniert das Mikrofon?
- Sind die Kabel so verlegt, daß sie nicht zur Stolperfalle werden?
- Bläst die Klimaanlage von hinten auf Sie?
- Ist das Rednerpult richtig angebracht?
- Wo haben Sie eventuell Platz, um sich während der Rede zu bewegen, auf Ihr Publikum zuzugehen?

➡ Erstellen Sie vorher eine genaue Checkliste für alle Dinge, die Sie mitnehmen müssen. In der Aufregung kurz vorher übersieht man leicht auch wichtige Dinge!

➡ Numerieren Sie Ihre Manuskriptseiten. Sie können diese damit jederzeit wieder in die richtige Reihenfolge bringen, sollten sie einmal durcheinandergeraten.

➡ Teilen Sie alle „Hand-Outs" (Arbeitsblätter und sonstige Vortragsunterlagen) schon vorher aus, um Ihren Vortrag nicht durch Zettelverteilen zu stören. Sollten Sie aus welchen Gründen auch immer Ihre Hand-Outs erst nach dem Vortrag austeilen, kündigen Sie das bitte vor Beginn Ihrer Präsentation auch an.

Das Verhalten beim großen Auftritt

Was müssen Sie beachten, um auch „über die Distanz" einen positiven ersten Eindruck zu hinterlassen? Welche Besonderheiten gelten für einen Redner? Ist es überhaupt möglich, trotz Lampenfieber und Konzentration auf den Inhalt der Rede auch noch auf Körpersprache und ähnliches zu achten? Wir wollen Sie auch hier nicht mit guten Tips „erschlagen" – lesen Sie folgende Ratschläge vor Ihrem nächsten großen Auftritt einfach noch einmal durch. Was Sie für wichtig erachten, wird sich mit der Zeit von selbst in Ihr Verhalten „einschleichen".

- ➟ Verschanzen Sie sich nicht gleich zu Anfang hinter dem Rednerpult, dem Overheadprojektor oder einem Tisch. Stellen Sie sich mit offener Körperhaltung so hin, daß Ihr Publikum Sie zur Gänze „mustern" kann. Auch wenn die Versuchung, sich möglichst irgendwo zu verstecken, groß ist – widerstehen Sie ihr, und geben Sie dem Publikum die Chance, seine Neugier zu befriedigen.
- ➟ Achten Sie auf einen guten „Standpunkt" – mit beiden Beinen fest am Boden, ohne zu schwanken und damit unsicher zu wirken. Verstecken Sie auch Ihre Hände nicht hinter dem Rücken, jeder soll sehen, daß Sie nichts zu verbergen haben.
- ➟ Die aufrechte Haltung ist nicht nur für das Ausstrahlen von Selbstsicherheit notwendig. Sie ermöglicht auch ein volles Ausnützen des Resonanzkörpers. Ihre Stimme kommt so am besten zur Geltung und klingt nicht gepreßt.
- ➟ Wenn Sie sich zu stark vorbeugen oder die Hände vorstrecken, wirkt das auf Ihre Zuhörer leicht aggressiv. Drehen Sie sich nie von Ihren Zuhörern weg!
- ➟ Denken Sie während der Rede nicht ständig an eine möglichst optimale Körpersprache. Lassen Sie die Sprache Ihrer Hände sich frei und von selbst entwickeln. Wenn Sie nicht darauf achten, entsteht diese Sprache wie von selbst! Voraussetzung ist nur, daß Sie Ihren Händen den nötigen Freiraum lassen und sie nicht um das Pult oder einen anderen Gegenstand geklammert halten.

- Achten Sie auf Ihre Sprechgeschwindigkeit. Aus Nervosität neigt man dazu, immer schneller zu sprechen. Achten Sie also bewußt auf eine gleichbleibende Geschwindigkeit. Machen Sie immer wieder kurze Pausen, wenn Sie einen Gedanken zu Ende gedacht haben.

Richtiges Umgehen mit Pannen

Auch dem begnadetsten Redner passieren immer wieder Pannen. Auch mit noch so perfekter Vorbereitung und Routine ist niemand davor geschützt. Auch kleinere Pannen können einen ganz schön aus dem Konzept bringen. Wie können Sie hier professionell reagieren?

Grundsätzlich ist es wichtig, zunächst die Ruhe zu bewahren. Laufen Sie auf keinen Fall einfach davon. Damit würden Sie sich auf der ganzen Linie geschlagen geben, und dafür besteht absolut kein Grund. Aus der richtigen Bewältigung von Pannen können Sie als Redner großes Kapital schlagen und viele Pluspunkte sammeln!

Wenn plötzlich alle Lichter ausgehen ...

Sprechen Sie von Ihnen gewünschte Lichtvariationen vorher mit dem Techniker ab. Nichts ist schlimmer, als Sie beginnen zu sprechen, drehen den Overheadprojektor an, und der Techniker verdunkelt den Saal vollständig. Er hat es ja bei Ihrem Vorgänger auch so gemacht ...
Sollte ein für Ihren Vortrag notwendiges Licht plötzlich ausgehen, unterbrechen Sie für eine kurze Pause, und bitten Sie den Techniker, den Schaden zu beheben. Gleichzeitig können Sie sich Alternativen für Ihre Visualisierungstechniken überlegen. Zeichnen Sie einfach die wichtigsten Inhalte auf ein Flip-chart. Bitten Sie die Zuhörer, näherzurücken, falls Sie ohne Mikrofon weitersprechen müssen. Der Improvisationsgabe sind hier kaum Grenzen gesetzt. Wir haben schon einmal anläßlich eines Stromausfalls ein Seminar bei Kerzenlicht zu Ende geführt – es wurde eine mehr als gelungene Veranstaltung, gerade wegen der „gemütlichen Atmosphäre“.

Wenn Sie plötzlich den Faden verlieren ...

Suchen Sie nicht hektisch in Ihren Unterlagen, und füllen Sie die entstehende Pause nicht mit „Ja, und … ähm … was ich dazu noch sagen wollte …"
Fassen Sie einfach den letzten Gedanken noch einmal zusammen. Damit gewinnen Sie Zeit, um in Ihren Stichwörtern wieder den Faden aufzuspüren. Gelingt dies nicht, setzen Sie eben einfach woanders fort. Ihr Publikum weiß ja nicht, wie Ihre Rede ursprünglich aufgebaut war!

Wenn Sie kurz vor Beginn plötzlich Ihr Manuskript nicht finden ...

Schreiben Sie einfach aus dem Gedächtnis die wichtigsten Stichworte zusammen. Konzentrieren Sie sich ganz fest auf den Inhalt, dann kommt der Rest sicher von ganz allein. Vielleicht wird die Rede sogar besonders gut, weil Sie natürlich, ganz aus dem Bauch heraus reden. Erwähnen Sie das Problem keinesfalls („Ich habe leider mein Manuskript vergessen und werde daher versuchen, frei zu sprechen …") – Ihre Zuhörer warten sonst geradezu darauf, daß Sie hängenbleiben, und sind vom Inhalt abgelenkt.

Wenn Sie sich versprechen, stolpern, etwas zu Boden werfen ...

Entschuldigen Sie sich nicht übermäßig, auch kleine Versprecher fallen dem Publikum meist gar nicht auf. Reden Sie ruhig weiter, schließlich sprechen Sie „live"!
Fällt etwas zu Boden, heben Sie es einfach kommentarlos auf. Seien Sie dankbar für diese zusätzliche „Turnübung"; sie kann Ihnen helfen, Spannungen abzubauen!
Stolpern Sie zum Beispiel über den Kabelsalat, nehmen Sie es mit Humor. Aber kommentieren Sie Ihre Ungeschicklichkeit nicht mit Sätzen wie: *„Ach, was bin ich heute nur wieder tolpatschig. Entschuldigen Sie!"* Es gibt keinen Grund, sich bei irgend jemandem dafür zu entschuldigen – Sie haben ja nur die eigenen Knochen gefährdet.

Wenn Besucher zu spät kommen oder sonst irgendwie stören ...

Wird Ihre Einleitung durch Zuspätkommende gestört, gehen Sie nicht einfach darüber hinweg, indem Sie besonders laut weiterspre-

chen. Meist sind nicht nur Sie, sondern auch Ihre Zuhörer aus der Konzentration gerissen. Unterbrechen Sie Ihren Vortrag, begrüßen Sie die Neuankömmlinge, und warten Sie, bis wieder halbwegs Ruhe herrscht.
Sollte jemand im Saal stören, indem er spricht oder ähnliches, versuchen Sie zunächst, in seine Richtung zu blicken und den Störer bewußt anzusprechen. Nützt dieses Signal nichts, versuchen Sie die Störung ruhig und höflich aufzuklären.

Hier kommen wir noch einmal auf den Ausgangspunkt dieses Teiles zurück:
Je überzeugter Sie vom Inhalt Ihrer Rede sind, desto weniger werden Pannen Sie aus der Ruhe bringen. Es geht Ihnen um die Sache und nicht um Äußerlichkeiten. Sie sind ehrlich darum bemüht, Ihrem Publikum den Inhalt, von dem Sie so begeistert sind, näherzubringen. Und Sie sind ehrlich an Ihrem Publikum interessiert. Sie sehen das Publikum nicht als „gesichtslosen Feind", sondern als eine Summe von Einzelindividuen mit all ihren Emotionen.

Sprechen Sie genau diese Emotionen an. Scheuen Sie sich nicht, die eigenen Emotionen zu zeigen. Je mehr Sie mit all Ihren Gefühlen sprechen, desto glaubhafter werden Sie. Ihre Zuhörer merken, daß da oben ein Mensch steht, der etwas zu sagen hat, der sich nicht scheut, Stellung zu beziehen. Und der seine Gefühle nicht versteckt!

Viel Glück bei Ihrer nächsten Rede!

Die Geschichte von den sieben Zwergen

Als das Schneewittchen schon längst ihrem Prinzen über die sieben Berge gefolgt war, lebten die sieben Zwerge ziemlich einsam in ihrer Hütte auf der Waldlichtung. Die Arbeit im Bergwerk machte ihnen auch nicht mehr so recht Spaß. Trübselig stocherten sie in ihren kleinen Tellerchen herum.

„Wir brauchen einfach einen neuen Lebensinhalt!" meinte einer. „Aber was?" fragte ein anderer. „Wir wollen einmal überlegen ..."

Und so überlegten sie sieben Wochen lang, was sie von nun an tun sollten.

Und am siebenten Tag der siebenten Woche hatte der siebente Zwerg plötzlich eine Idee: „Warum gründen wir nicht eine Schule für moderne Märchenrhetorik?"

„Was ist denn das, moderne Märchenrhetorik?" wollten die anderen wissen.

„Ganz einfach, wir bringen den Bewohnern des Märchenwaldes bei, wie sie besser und überzeugender reden lernen! Einmal ganz ehrlich, unser aller Redeweise ist doch schon etwas verstaubt, da wäre ein neuer Erzähl- und Vortragsstil doch längst notwendig!"

Die anderen Zwerge fanden die Idee gar nicht so schlecht. Und so machten sie sich an die Arbeit.

In Windeseile hatten sie das alte Bergwerk in ein modernes Seminarzentrum umgebaut. Nur das entsprechende Messingschild war noch vor dem Eingang anzubringen:

„Zentrum für angewandte moderne Märchenrhetorik"

Die Neuigkeit sprach sich schnell herum im Märchenwald, und bald meldeten sich die ersten Interessenten: Der Wolf belegte einen Kurs für „Geißlein-gerechte Sprache", die alte Hexe besuchte das Eintagesseminar „Honigsüße Sprüche für Kinder", und ein Herr aus Hameln belegte den Fernkurs „Die Sprache der Musik für Ratten und Kinder".

Die Zwerge wurden ob ihrer erfolgreichen Kurse bald bis über die Grenzen hinaus bekannt. Sogar aus dem Ausland trafen

Anfragen ein. Ein Herr Pinocchio aus Italien wollte wissen, ob sie auch Seminare zum Thema „Lügen – und trotzdem keine lange Nase“ anböten, und ein Herr Ali Baba aus dem Orient meldete gleich vierzig Leute zum Wochenseminar „Räubersprache verstehen und bewußt einsetzen“ an.
Bald waren die Zwerge so erfolgreich, daß sie sich berühmte Gastreferenten holen konnten. Einmal referierte das allseits bekannte Dornröschen zum Thema. „Hundert Jahre schweigen und trotzdem einen Prinzen überzeugen“, und sogar ein echter Kaiser kam, der allerdings dadurch auffiel, daß er immer wieder auf die Wirkung seiner neuen Kleider hinwies, obwohl er nur in der Unterwäsche vor dem erstaunten Publikum erschien!
Und so lernten alle Wesen im Märchenwald ihre Geschichten aus völlig neuer Sicht zu erzählen. Die alten Märchenbücher wurden weggeräumt und durch neue „Präsentationsunterlagen“ ersetzt und mit bunten Overheadfolien ergänzt. Alle „verstaubten“ Redewendungen wie „es war einmal“ und „Wenn sie nicht gestorben sind, dann leben sie noch heute!“ wurden ersatzlos gestrichen.
Doch irgendwann merkten die Märchenfiguren, daß ihre Geschichten immer mehr einer modernen Firmenpräsentation glichen. Sie hatten bei all der neuen Vortragstechnik ihre Identität verloren …

10. Gestalten Sie den Hintergrund

10.1 Der passende Rahmen für Ihr Image

Wir hoffen, Sie haben nun all Ihre Vorzüge entdeckt, Ihre Persönlichkeit ins rechte Licht gerückt und so Ihr Image aufpoliert! Ihr Selbstvertrauen ist gestärkt, und Sie freuen sich auf Ihren nächsten Auftritt, bei dem Sie all das umsetzen können. Der erste Eindruck, den Sie dabei hinterlassen, wird Sie im Gedächtnis der anderen unvergeßlich machen!

Aber irgendetwas fehlt da noch …
Was macht das schönste Bild erst perfekt?
Der passende Rahmen!

Diesen Rahmen können Sie nicht immer mitbestimmen. In einer fremden Umgebung haben Sie wenig Einfluß auf die „Rahmen"-bedingungen. Sie können kaum die Vorhänge in einem Vortragssaal abmontieren, nur weil die Farbe nicht zu der Ihrer Kleidung paßt!

Es gibt aber dennoch einige Punkte, die Sie auch auf „fremdem Territorium" mitgestalten können.

Setzen Sie sich ins rechte Licht!

Achten Sie auf die richtige Beleuchtung. Wenn Sie einen Vortrag oder eine Präsentation halten, können Sie die Beleuchtung oft nach Ihren Vorstellungen gestalten, vorausgesetzt, die technischen Möglichkeiten dafür sind vorhanden.

Wenn Sie die Wahl haben, positionieren Sie sich nie so, daß Sie das Licht im Rücken haben. Sieht man nur Ihre Umrisse im Gegenlicht, verlieren Sie an Ausstrahlung. Ihr Blick und Ihr Mienenspiel bleiben im dunklen. Haben Sie als Lichtquelle die untergehende Sonne im Rücken, ist dieser Effekt besonders groß. Außerdem blendet die Sonne dann vielleicht auch noch Ihren Gesprächspartner – und macht ihn „blind" für Ihre Vorzüge!

Wenn der Rahmen nicht paßt ...

Nicht immer sind die äußeren Umstände dazu geeignet, eine „Wohlfühl-Atmosphäre" für einen positiven ersten Eindruck zu schaffen. In einer überfüllten U-Bahn bei 30 Grad und dicker Luft begegnen Sie zum Beispiel ausgerechnet einem neuen Mitarbeiter ...
Oder Sie fühlen sich nach einem langen Arbeitstag besonders ausgelaugt, verschwitzt, Ihr Make-up hat sich verflüchtigt, und ein Friseurbesuch ist auch schon lange überfällig! Ihre Kollegin hat Sie aber überredet, noch schnell mit ihr auf einen Drink zu gehen. Und plötzlich steht lächelnd der absolute Traummann vor Ihnen!

Jeder von uns kennt solche Situationen. Im ersten Moment möchte man am liebsten kehrtmachen. Diese kurze, hektische Suche nach einem Fluchtweg prägt die ersten Augenblicke einer Begegnung. Lassen Sie nicht zu, daß der erste Eindruck darunter leidet! Stellen Sie sich einfach den „widrigen" Umständen. Denken Sie daran, daß auch der andere in der gleichen Umgebung ist, den gleichen Rahmen hat. Dem neuen Mitarbeiter ist in der U-Bahn genauso heiß, und was den Traummann angeht: vielleicht hat auch er einen anstrengenden, „schweißtreibenden" Arbeitstag hinter sich!

Überbewerten Sie die Rahmenbedingungen nicht. Ihre positive Wirkung geht hauptsächlich von innen aus! Sicher ist das äußere Erscheinungsbild wichtig. Doch wenn hinter dem perfektesten Outfit die Persönlichkeit fehlt, die das Bild erst zum Strahlen bringt, bleibt ein Gefühl der Enttäuschung beim Betrachter zurück. Auch der schönste und kostbarste Bilderrahmen bleibt nur Dekoration, wenn das Bild nicht stimmt. Bei Leonardo da Vincis Mona Lisa ist es ziemlich egal, in welchem Rahmen sie hängt – ihr Lächeln wird den Betrachter immer erreichen.

Lassen Sie sich daher nicht aus der Ruhe bringen. Begrüßen Sie den anderen freundlich, lächeln Sie, und wenden Sie sich ihm ganz zu. Diese „Zuwendung" ist die wichtigste Grundlage für eine gute Beziehung!

Wenn der Rahmen das eigene Image prägt ...

Wie wir zu Beginn festgestellt haben, wird das Image eines Menschen von der subjektiven Wahrnehmung des anderen geprägt. Die-

se Wahrnehmung wird von der Umgebung mit beeinflußt. Der Rahmen, in dem man sich befindet, hat somit auch eine Auswirkung auf das eigene Image. Allerdings liegt es in Ihrer Hand, inwieweit Sie das auch zulassen.
Besonders augenfällig wird das bei den Mitarbeitern mancher Unternehmen. Viele Unternehmen haben gerade in den letzten Jahren besonderen Wert auf das Entstehen eines unverwechselbaren Firmenimages, einer Corporate Identity gelegt. Von den Mitarbeitern wird erwartet, sich diesem Image anzupassen. Will man in diesem Unternehmen Karriere machen, muß man in den Rahmen passen. So sieht der typische junge Mitarbeiter einer renommierten internationalen Beraterfirma anders aus als ein junger Sozialarbeiter einer karitativen Vereinigung. Natürlich wären der teure Maßanzug und handgemachte Schuhe nicht die geeignete Berufskleidung für einen Sozialarbeiter. Trotzdem steckt mehr hinter dem oft einheitlichen Erscheinungsbild: Man will einfach dazugehören, auch nach außen zeigen, wie sehr man sich mit dem „Firmenimage“ identifiziert. Das betrifft nicht nur die Kleidung. Besonders die Sprache, die Wortwahl und die Ausdrucksweise werden geprägt. Aber auch die Körpersprache und die Art und Weise, wie man auf andere zugeht, entspricht oft einem genauen Schema. Damit ist es für andere einfach, sofort die passende Schublade zu finden.

Hinterfragen Sie einmal Ihr Image nach diesen Gesichtspunkten. Provokant gefragt: Entsprechen Sie einem „Firmen-Abziehbild“?

Besinnen Sie sich auf Ihre ureigene Identität. So schön es ist, wenn Sie sich mit Ihrer (beruflichen) Umgebung identifizieren können – bewahren Sie Ihre Identität! Machen Sie es den anderen nicht ganz so einfach, Sie in eine bestimmte Schublade verschwinden zu lassen. Nur wer auch wirklich „echt“ ist, wirkt als Persönlichkeit! Nur wer nicht auf den ersten Blick eingestuft werden kann, wer noch ein paar „Ecken und Kanten“ bewahrt hat, bleibt interessant genug für einen zweiten Blick!

10.2 Der passende Rahmen für einen Freund

Der erste Eindruck entsteht in einem wechselseitigen Prozeß: Wir beeinflussen uns in unserer Wahrnehmung gegenseitig. Stimmt dabei die Wellenlänge, ist die Chance um so größer, daß dieser erste Eindruck positiv ausfällt. Sehr selten passiert es, daß uns unser Gegenüber auf Anhieb höchst sympathisch ist, während es für seinen Teil am liebsten sofort wieder das Weite suchen würde!
Es ist daher auch von großer Wichtigkeit, in welchen Rahmen wir das Bild unseres Gegenübers stellen. Am besten können Sie das beeinflussen, wenn Sie einen Besucher bei sich empfangen.

Der richtige Rahmen für einen Besucher

Versuchen Sie daher, für Ihren Besucher eine Wohlfühl-Atmosphäre zu schaffen. Wenn Sie zu Hause Gäste erwarten, werden Sie diese nicht gerade im Pyjama und mit Lockenwicklern begrüßen, um ihnen dann weder einen Stuhl noch etwas zu trinken anzubieten. So hätten Sie nämlich nicht mehr sehr oft Gäste!
Genauso wichtig ist es, Besucher im Berufsalltag richtig zu empfangen. Es ist dabei nicht so entscheidend, ob es sich um einen neu zu gewinnenden Großkunden oder einen unbedeutenden Vertreter handelt. Das Image, das Ihr Unternehmen in der Öffentlichkeit bekommt, hängt oft von Kleinigkeiten ab. Und auch der erste Eindruck wird geprägt von „Kleinigkeiten".

➞ **Gestalten Sie Ihren Empfangsbereich besucherfreundlich!**
Findet sich ein Besucher bei Ihnen auf Anhieb zurecht? Oder muß er sich erst mühsam den Weg zu Ihnen erkämpfen, weil die Beschilderung mangelhaft ist, der Zutritt durch Hürden wie schlecht zu öffnende Türen und falsch plazierte Türklingeln erschwert wird?

➞ **Sorgen Sie für einen freundlichen „Erstkontakt"!**
Die erste Ansprechperson prägt den ersten Eindruck entscheidend. Ein unfreundlicher Portier, eine mürrische oder überlastete Sekretärin sind eine schlechte Visitenkarte.

- **Kommen Sie Ihrem Gast entgegen!**
  Lassen Sie einen Besucher nicht einfach den Weg zu Ihnen suchen, sondern sorgen Sie dafür, daß er sich von Anfang an bei Ihnen wohl fühlt. Holen Sie ihn entweder persönlich in Ihre Büroräume, oder sorgen Sie für einen persönlichen Empfang durch MitarbeiterInnen. Diese kleinen Gesten können wahrlich über Erfolg oder Mißerfolg einer Geschäftsbeziehung entscheiden, da sie die Wertschätzung für den anderen erkennbar machen.
- **Gestalten Sie die Wartezeit für Ihren Gast angenehm!**
  Die Zeit, die der Besucher noch auf sein Gespräch warten muß, kann ein stumpfes Abwarten wie beim Zahnarzt sein oder ein freudiges Erwarten. Findet er zum Beispiel eine interessante Lektüre vor, bekommt er eine Erfrischung oder kann er mit der Empfangsdame ein nettes Gespräch führen, verkürzt sich die Wartezeit entscheidend.

All diese Faktoren bestimmen den ersten Eindruck. Und der entsteht schon lange bevor das eigentliche Gespräch beginnt. Es ist auf alle Fälle ein besserer Start, wenn ein Besucher die Zeit bis dahin angenehm verbringt und in gelöster Stimmung zu Ihnen kommt. Der Rahmen ist gelungen, die Voraussetzungen, daß das Bild ebenso gut hineinpaßt, sind geschaffen!

Gute Umgangsformen als Rahmen

Sind die guten alten Benimmregeln heute eigentlich noch gültig? Sind die Spielregeln für den gesellschaftlichen Umgang miteinander nicht schon längst überholt?
Viele gesellschaftliche Anlässe folgen heute keiner strengen Etikette mehr. Ungezwungenes, natürliches und „lockeres" Verhalten sind gefragt. Ehrlichkeit ist wichtiger als höfliche Floskeln. Im Zeitalter zunehmender Gleichstellung von Mann und Frau erscheint es vielen sogar diskriminierend, wenn man(n) Frauen anders, zuvorkommend behandelt. Ist es daher restlos altmodisch, wenn man einer Frau aus dem Mantel hilft?
Eine Tatsache ist sicher unübersehbar: Gesellschaftliche Spielregeln unterliegen einem steten Wandel. So, wie sich die gesellschaftlichen

Rahmenbedingungen verändern, ändern sich auch die dazugehörigen Benimmregeln. Dieser Wandel vollzieht sich immer schneller. Da es aber keine höchste Instanz gibt (früher bestimmte das jeweilige Herrscherhaus die Etikette), die die Spielregeln festsetzt, ist es schwierig, die Übersicht zu bewahren, „was man tut und was man nicht tut". Daher wählen viele den einfachen Ausweg – indem sie alle Regeln für überholt erklären.

Doch so einfach ist es eben nicht. Jede Gesellschaft hat ihre Spielregeln. Auch wenn sie heute nicht mehr so streng sind wie früher, so ist es doch wichtig, sie zu beachten. Es ist heute sogar noch schwieriger als früher, wo alle Regeln klar und eindeutig waren. Heute müssen wir uns vielfach auf unser „Taktgefühl" verlassen und das, was an klarer Vorgabe fehlt, durch Freundlichkeit ersetzen. Denn Freundlichkeit unterscheidet sich ja bekanntlich von Höflichkeit durch den Grad der menschlichen Zuneigung.

Wir möchten an dieser Stelle einige uns wesentlich erscheinende Benimmregeln anführen, deren Beachtung den richtigen „Wohlfühlrahmen" für einen Gesprächspartner schaffen:

➡ **„Bitte und Danke":** Jemanden um etwas zu bitten hat nichts mit Unterwürfigkeit zu tun. Es zeigt vielmehr von persönlicher Souveränität und Wertschätzung des anderen.

➡ **„Entschuldigen":** Ist irgend etwas schiefgelaufen, hat man schuldhaft dem anderen Unangenehmes zugefügt, ist es selbstverständlich, sich zu entschuldigen. Für Dinge, für die man nichts kann, muß man sich nur entschuldigen, wenn das im Rahmen seiner Repräsentationsaufgabe für sein Unternehmen angepaßt erscheint.

➡ **„Grüßen":** Dazu haben wir schon ausführlich geschrieben, der Wichtigkeit wegen wird aber das richtige Grüßen und Ansprechen mit Namen hier nochmals erwähnt.

➡ **„Tischmanieren":** Jemand, der bei Tisch unangenehme Geräusche von sich gibt, mit offenem Mund ißt, lümmelt und mit vollem Mund redet, ist kein angenehmer Tischgenosse – egal, ob im Fast Food Restaurant oder im Gourmet-Tempel. Gerade die Tischmanieren werden vielfach als nicht so wichtig abgetan und sind dennoch der Anlaß für einen negativen ersten Eindruck!

➞ **„Vorstellen“:** Bei vielen offiziellen Anlässen ist das richtige Vorstellen nach wie vor gefragt. Es ist einfach unhöflich, den anderen im unklaren zu lassen, mit wem er es zu tun hat!

➞ **„Vortritt“:** Es ist nicht mehr unumgänglich notwendig, daß der Mann der Frau den Vortritt läßt. Ist er zum Beispiel „ortskundig“ und die Frau nicht, geht er vor. Beim Betreten eines Restaurants geht immer noch der Mann vor, ebenso, wenn man Treppen hinuntergeht. Grundsätzlich läßt man einem Gast den Vortritt. Peinliche Situationen, etwa zwei Minuten lang vor einer offenen Tür zu stehen und den Endlosdialog „Bitte nach Ihnen!“ zu führen, sollten jedoch einer Filmkomödie vorbehalten bleiben.

Der richtige Rahmen für ausländische Gäste

Die Frage nach den richtigen Spielregeln stellt sich ganz besonders im Umgang mit Gästen aus anderen Ländern. Unterschiedliche Spielregeln führen hier oft zu Mißverständnissen, die den ersten Eindruck so negativ prägen, daß die Beziehung für immer gestört bleibt.
Es ist daher grundsätzlich von Vorteil, sich mit den kulturellen und nationalen Gegebenheiten etwas näher zu befassen. Erwarten Sie einen Gast aus dem Ausland, raten wir Ihnen, sich vorher konkret zu erkundigen. Zugegeben, hier ist das „Hineinversetzen“ in den anderen etwas schwieriger, dafür aber um so wichtiger. Viele erfolgversprechende Geschäftsbeziehungen sind aufgrund mangelnden gegenseitigen Verständnisses schon gescheitert.

Einige typische Fettnäpfchen, die es zu vermeiden gilt:

- Einem Griechen einen Türkischen Kaffee anzubieten
- Einen Engländer über eine Stunde auf einen Termin warten zu lassen und dann mit heftigem Händeschütteln und Umarmungen zu begrüßen
- Mit einem Spanier einen Termin vor 10 Uhr abzumachen
- Die Visitenkarte eines Japaners ungelesen in die Hosentasche zu stecken

- Als Frau einem Araber die Hand hinzustrecken oder ihn gar zu berühren (das gleiche Fettnäpfchen steht auch in Japan bereit!)
- Einem Araber beim Übereinanderschlagen der Beine die Fuß- oder Schuhsohlen entgegenzustrecken
- Einem Afrikaner bei der Begrüßung direkt in die Augen zu sehen
- Ohne Krawatte ein amerikanisches Bürohaus zu betreten
- Einen lateinamerikanischen Geschäftspartner ohne Titel anzusprechen
- Auf einen Asiaten mit dem Finger zu zeigen
- Einen Japaner lautstark und unwirsch zu unterbrechen
- In ehemaligen Kolonialländern mit kurzen Hosen aufzutreten

10.3 Von den Vorurteilen und der zweiten Chance

Wir haben bisher viel darüber geschrieben, wie sehr der persönliche Filter den ersten Eindruck prägt. Er bildet nicht nur den Rahmen, sondern auch den Hintergrund des ersten Bildes. Und – bleiben wir beim Vergleich mit einem Bild – oft genügt nur ein Pinselstrich, und schon „malt“ der persönliche Filter das Bild zu Ende.

Haben wir da überhaupt eine Chance, richtig wahrgenommen zu werden? Sind wir nicht trotz all unserer Bemühungen um einen positiven Eindruck hilflos den Vorurteilen des anderen ausgeliefert? Und sind wir nicht selber auch voll von diesen Vorurteilen, die uns die erste Einordnung unserer Mitmenschen nur scheinbar so leicht machen?

Mit den Vorurteilen ist es wie mit den Ameisen am Frühstückstisch: Unternimmt man nichts dagegen, werden es immer mehr!

Egal, wie tolerant wir uns geben: Niemand ist frei von Vorurteilen. Wir kultivieren sie ja auch, um uns das Leben bei der Vielfalt an Begegnungen leichter zu machen. Doch sehr oft stehen gerade diese Vorurteile einer der Wahrheit entsprechenden Beurteilung unserer Mitmenschen im Wege. Oft verleiten sie uns zu Fehleinschätzungen, die unsere Beziehungen entscheidend mitprägen. Viele Chancen bleiben auf diese Weise ungenützt.

Der sicherste Weg, Vorurteile zu bekämpfen, ist es daher, bei sich selbst anzufangen. Wer nämlich vorschnell Urteile über andere fällt, strahlt genau diese Einstellung aus. Und erhält genau die gleiche „Behandlung“ zurück! Er landet wesentlich schneller in irgendeiner Schublade, als wenn er dem anderen vermitteln würde, daß er sich ehrlich mit ihm auseinandersetzt. Die beste Taktik gegen Vorurteile ist daher das Bekämpfen der eigenen!

Was sind Ihre typischen Vorurteile?
Finden Sie in der folgenden Aufzählung einige bekannte wieder?

- *typisch Frau*
- *alle Südländer sind Machos*
- *wer weiße Socken trägt, hat keinen Stil*
- *blond und blöd*
- *Porschefahrer sind Angeber*
- *Beamte sind faul*
- *Professoren sind zerstreut*

Zugegeben, diese Beispiele sind ziemlich banal. Aber genau hier beginnen unsere Vorurteile, auch wenn wir das ungern zugeben. Viele Vorurteile sind jedoch diffiziler und nicht so leicht zu identifizieren. Machen Sie sich einmal die Mühe, Ihre ganz persönlichen „Vorurteilsfallen“ aufzuschreiben. Können Sie sich an einen Fall erinnern, wo Sie mit Ihrer ersten Beurteilung ziemlich falsch gelegen sind? Was war der Grund? Nur wenn Sie absolut ehrlich zu sich sind, kommen Sie Ihren Vorurteilen auf die Spur.

Es wird Ihnen sicher nicht gelingen, alle Ihre Vorurteile von heute auf morgen über Bord zu werfen. Es ist aber schon ein erster Schritt, seine Einstellungen zu kennen. Nur so können Sie im „Ernstfall“ sich selbst noch rechtzeitig ein Zeichen geben und die vorschnell geöffnete Schublade noch einmal überprüfen!

Und zum Schluß noch die fünf wichtigsten Strategien, um zu verhindern, daß Sie den Vorurteilen der anderen zum Opfer fallen und vorschnell in der falschen Schublade landen.

Strategie Nummer 1: Seien Sie immer Sie selbst, seien Sie echt! Je authentischer Sie auftreten, desto intensiver wirken Sie, desto geringer ist auch die Gefahr, falsch beurteilt zu werden. Denn wer dem anderen etwas vorspielt, verwirrt ihn und verleitet ihn zu Fehleinschätzungen. Und nicht immer landet man dort, wo man mit seinem „Verwirrspiel“ auch hin will.

Strategie Nummer 2: Erkennen Sie rechtzeitig die Schublade, in die man Sie stecken will. Die Vorurteile der anderen sind erkennbar, wenn Sie nur genau hinsehen. Lernen Sie, die anderen zu durchschauen. Nur so können Sie Vorurteilen gezielt begegnen und die anderen überzeugen, daß sie falsch liegen.

Strategie Nummer 3: Machen Sie es sich und anderen nicht unnötig schwer: Verzichten Sie auf Details mit Signalwirkung! Wenn Sie aufgrund Ihres äußeren Erscheinungsbildes einen bestimmten Eindruck erwecken, der nicht Ihrer Persönlichkeit entspricht, sind schon wieder die falschen Schubladen weit geöffnet.

Strategie Nummer 4: Werden Sie aktiv! Wenn Sie selbst offen auf andere zugehen, sich für sie interessieren, geben Sie den anderen die Chance, Sie besser und aus der Nähe zu betrachten! Und je genauer die anderen hinschauen, desto genauer entspricht das Bild der Wahrheit. Die Mühe, die Sie sich mit der Beurteilung anderer machen, werden Sie auch zurückbekommen.

Strategie Nummer 5: Bemühen Sie sich um Gelassenheit! Wer souverän und selbstbewußt ist, nimmt auch einmal in Kauf, in die falsche Schublade gesteckt zu werden. Nehmen Sie es Ihren Mitmenschen nicht übel, und zahlen Sie nicht Gleiches mit Gleichem heim. Und denken Sie zum Trost daran, daß man einfach nicht allen Menschen gleich sympathisch sein kann. Gerade starke Persönlichkeiten polarisieren!

Wer offen und interessiert an seinen Mitmenschen durch das Leben geht, für den steckt das Leben voller positiver Überraschungen. Er entdeckt an seinen Mitmenschen immer neue und interessante Seiten. Begegnungen bleiben auch noch nach den ersten Augenblicken interessant. Der erste Eindruck ist nicht immer die letzte Chance! Geben Sie sich und Ihren Mitmenschen auch eine zweite Chance!

Käufer, Kunden und Kollegen

208 Seiten, Leinen mit Schutzumschlag
ISBN 3-7064-0469-9

Dieses Buch geht weit über die bisher abgehandelten Aspekte der Kundenorientierung hinaus. Der Kundenbegriff wird neu definiert und ausgedehnt, beispielsweise auf Mitarbeiter und Lieferanten. Kundenorientierung ist eben weit mehr als Freundlichkeit und Lächeln.
Die Autoren zeigen klassische Fehlerquellen, geben konkrete Ratschläge und demonstrieren, daß gesunder Menschenverstand gefragt ist, daß Führen auch Dienen heißt und die Unternehmensführung die Anforderungen der Informationsgesellschaft nicht unterschätzen darf. Unternehmenskultur spielt dabei eine tragende Rolle. Aber auch die notwendigen Grenzen der Kundenorientierung sehen und benennen die Autoren eindeutig.

Roland Bickmann ist selbständiger Unternehmensberater in Hamburg mit den Schwerpunkten Corporate Identity, Corporate Culture und ganzheitliche Unternehmensentwicklung; er ist Autor mehrerer Buchpublikationen.
Marcus Schad gründete das Sozialwissenschaftliche Institut Schad in Hamburg. Der Schwerpunkt seiner Beratungstätigkeit liegt im Bereich der Kundenorientierung von Organisationen.

Überall im Buchhandel